SHIFT®

ALEXANDRE CHIACCHIO
Estrategista em Vendas e Desenvolvimento
de Negócios • Idealizador do Método SHIFT®

ESTRATÉGIAS DE VENDAS PARA UM MUNDO COMPLEXO

SHIFT®

SPIN • HARVARD • NUDGE

Colaboradores:
Mauro Wainstock
Maria Alice Passos Mendes
Rodrigo Lang

ACTUAL

SHIFT®

Copyright © 2025 Actual

Actual é um selo da Editora Almedina do Grupo Editorial Alta Books (Starlin Alta Editora e Consultoria LTDA).

Copyright © 2025 Alexandre Chiacchio

ISBN: 978-65-83400-12-3

Produção Editorial: Grupo Editorial Alta Books

Impresso no Brasil — 1ª Edição, 2025 — Edição revisada conforme o Acordo Ortográfico da Língua Portuguesa de 2009.

Dados Internacionais de Catalogação na Publicação (CIP)

C532s

Chiacchio, Alexandre.
SHIFT®: estratégias de vendas para um mundo complexo / Alexandre Chiacchio; 1. ed. - Rio de Janeiro: Actual, 2025.
232 p.; 16x23 cm.
Inclui bibliografia.

ISBN 978-65-83400-12-3

1. Vendas - Administração. 2. Negociação. 3. Marketing B2B. 4. Influência comportamental. 5. Estratégias comerciais. I. Wainstock, Mauro. II. Mendes, Maria Alice Passos. III. Lang, Rodrigo. IV. Título.

CDD 658.85

Índice para catálogo sistemático:

1. Vendas: Administração de vendas 658.85

Produção Editorial: Grupo Editorial Alta Books
Diretor Editorial: Anderson Vieira
Editor da Obra: Rodrigo Mentz
Vendas Governamentais: Cristiane Mutüs
Produtora Editorial: Rita Motta

ALTA BOOKS
GRUPO EDITORIAL

Rua Viúva Cláudio, 291 — Bairro Industrial do Jacaré
CEP: 20.970-031 — Rio de Janeiro (RJ)
Tels.: (21) 3278-8069 / 3278-8419
www.altabooks.com.br — altabooks@altabooks.com.br
Ouvidoria: ouvidoria@altabooks.com.br

Editora
afiliada à:

ASSOCIADO

DEDICATÓRIA

Aos profissionais de vendas B2B.

Este livro é dedicado a vocês. Não aos que apenas carregam metas e pressionam por números, mas aos que enfrentam, todos os dias, a complexidade invisível que só quem vive o B2B conhece de verdade. Aos que lidam com ciclos longos, múltiplos decisores, negociações que começam muito antes da proposta e terminam muito depois da assinatura do contrato.

Este é um tributo aos que acordam cedo para estudar o cliente antes da primeira reunião, que ajustam propostas até tarde da noite, que negociam não só preços, mas soluções sustentáveis. Aos que são muitas vezes incompreendidos por quem vê a venda apenas pelo resultado e não pelo processo exaustivo emocionalmente e técnico que a precede.

Aos que são obrigados a se reinventar em um mercado que muda mais rápido do que os livros didáticos conseguem acompanhar. Que convivem com a pressão por performance sem, muitas vezes, receber o devido suporte, preparo ou reconhecimento. Aos que sabem que vender no B2B não é uma questão de sorte ou de dom, mas de método, consistência, resiliência e, acima de tudo, ética.

Este livro nasce como resposta a uma inquietação: por que, mesmo com tanta tecnologia, tantas ferramentas e tantas metodologias disponíveis, ainda temos tantos profissionais frustrados, times desalinhados e organizações que não atingem suas metas? Por que, como apontam pesquisas recentes, mais de 70% das empresas B2B continuam não alcançando seus objetivos de vendas? Por que tantos ainda insistem em fórmulas ultrapassadas, em empurrar soluções e manipular a jornada do cliente?

O **SHIFT**® é a minha tentativa e, espero que seja também a sua, de virar essa chave. Ele é um convite à ruptura dos velhos paradigmas e à construção de um novo ciclo: mais ético, mais inteligente, mais humano e mais eficaz.

A todos vocês que, mesmo diante da pressão, escolhem fazer diferente, fazer melhor e fazer com propósito. Este livro é para reforçar que vale a pena. Que o caminho da venda consultiva, estratégica e responsável é, sim, o mais difícil, mas também o mais duradouro.

Com respeito, admiração e a certeza de que podemos e devemos transformar a forma de vender.

AGRADECIMENTOS

À minha esposa,

Companheira incansável, que está sempre ao meu lado, não apenas nos momentos de conquista, mas principalmente nas fases de esforço invisível, quando os resultados ainda eram apenas uma possibilidade distante. Obrigado por sua paciência nos dias mais longos, pela compreensão nos dias, noites, finais de semana e feriados que tive que focar em produzir e, sobretudo, por cuidar de tudo aquilo que me permitiu focar neste e nos demais projetos. Sua presença e apoio são os pilares que sustentam todas as minhas entregas.

Aos meus pais,

Minha eterna fonte de valores, caráter e resiliência. Tudo o que construí e ainda pretendo construir tem como base os princípios que vocês me ensinaram, muitas vezes mais pelo exemplo do que pelas palavras. A ética no trabalho, o respeito pelas pessoas, a persistência diante das adversidades e o senso de responsabilidade são heranças que carrego com orgulho. Este livro, como tudo o que faço, é mais uma expressão daquilo que vocês, com tanta dedicação, ajudaram a forjar em mim.

À minha sócia, Maria Alice Passos Mendes,

Gratidão profunda pela confiança de aceitar embarcar na jornada da TurnAround Solutions. Quando decidimos iniciar este projeto, sabíamos que o desafio seria grande. Mas o que talvez não soubéssemos era o quanto essa decisão se tornaria um divisor de águas nas nossas trajetórias profissionais e vidas pessoais. Sua inteligência estratégica, sua capacidade de execução e, acima de tudo, sua coragem de construir o novo, foram fundamentais para que a TurnAround Solutions se consolidasse como a consultoria em educação mais inovadora do Brasil. Este livro carrega muito da energia dessa nossa escolha.

Com minha mais sincera gratidão.

SUMÁRIO

PREFÁCIO

Em um mundo comercial cada vez mais volátil, incerto e saturado de abordagens genéricas, este livro se destaca como uma resposta pragmática, estruturada e, acima de tudo, aplicável. Esta obra apresenta uma proposta clara: entregar um modelo realista para operar com excelência no ambiente de vendas B2B e consultivas.

SHIFT® se ancora na fusão de três metodologias consagradas, SPIN Selling, Negociação de Harvard e Nudge, formando um modelo robusto e atual para lidar com vendas complexas. SPIN proporciona o diagnóstico estruturado e a escuta consultiva; Harvard oferece uma lógica de negociação por interesses reais; e Nudge introduz a influência ética como vetor de decisão. Quando operadas com disciplina, essas abordagens não apenas aumentam a taxa de conversão, mas elevam a qualidade das relações comerciais e a construção de valor sustentável.

O mérito da obra está em sua clareza. Alexandre Chiacchio conseguiu, com propriedade e domínio técnico, traduzir essas três escolas em um modelo fluido, acessível e, ao mesmo tempo, profundamente estratégico. Ele mostra que vender não é apenas persuadir ou bater metas: é diagnosticar, negociar com propósito, influenciar com integridade e, principalmente, construir o valor que faz o cliente querer comprar de novo.

Este livro desmistifica a ideia de que vender é apenas prospecção ou persuasão. Vai além: fala de inteligência emocional, gestão de objeções e performance sustentável. É uma bíblia moderna da venda consultiva, uma ferramenta essencial para quem busca transformar não só a abordagem comercial, mas o impacto que ela gera no cliente.

SHIFT® não entrega atalhos. Ele entrega estrutura, lógica e aplicabilidade. É uma virada de chave para quem entende que vendas não é discurso, é processo, é decisão, é construção. E que o sucesso futuro se planta com método, ética e visão de longo prazo.

Como muito bem defende o Alexandre, este livro não é sobre vender mais. É sobre vender melhor. E com mais propósito.

Alexandre dos Reis
Diretor Executivo Sistema Firjan – (SESI, SENAI)
Presidente do Conselho Previndus
Conselheiro da FBTS – Fundação Brasileira de Tecnologia da Soldagem
Presidente e Fundador da ONG Espaço Pequeno Cidadão

APRESENTAÇÃO

Ao longo da minha trajetória em vendas B2B, com mais de três décadas lidando com ciclos longos, múltiplos decisores e desafios crescentes de posicionamento, percebi que havia algo de profundamente equivocado na forma como o mercado ensinava e praticava vendas. Por mais que técnicas, scripts e *frameworks* viessem e fossem, sempre senti falta de um modelo que, de fato, respeitasse a inteligência do cliente e elevasse a prática de vendas ao patamar estratégico que ela merece. Vender, para mim, nunca foi apenas fechar um contrato. Sempre foi sobre gerar transformação no cliente, na organização, no mercado. E foi justamente a partir dessa inquietação que nasceu o **SHIFT®**.

Atuando na área de educação executiva, encontrei um propósito ainda maior. Em cada negócio fechado, impactava não apenas o desempenho das organizações, isso, na verdade, era consequência do impacto gerado em dezenas, centenas, milhares de pessoas que tiveram contato com as soluções educacionais que desenhei ou das quais participei na concepção. Pude ver promoções, prêmios, mudanças de área, mas o mais impactante era perceber como aquele conhecimento, aquela certificação, tornava cada participante mais vivo, mais confiante. Apresentações de trabalhos, tímidas no início do curso, transformavam-se em verdadeiras aulas ao final e, algumas delas, chegaram a ser a base para novos investimentos em organizações que passaram a enxergar a educação como uma oportunidade real de superar suas próprias expectativas.

Isso me motivou ainda mais. A necessidade de entender, investigar, saber o que está errado, o que pode ser melhorado, o que deve ser mudado, o que deve ser atualizado, revelou caminhos que nunca imaginei em algumas das grandes negociações que pude realizar.

Quando atuava pela Xerox do Brasil, teve um treinamento de vendas, acho que era vendendo soluções para grandes contas. Fomos para um hotel em

Teresópolis, no Rio de Janeiro, e passamos uma semana aprendendo sobre isso. Teve uma parte do treinamento onde se falava muito sobre quebrar paradigmas e isso me intrigou muito naquela época, eu tinha vinte e poucos anos. Teve um vídeo que passava algumas cartas de baralho bem devagar, após um tempo, aceleravam o vídeo e nos pediam para dizer o que víamos. Neste momento, entendi que o cérebro passa a preencher lacunas com o que esperava ver, não necessariamente o que estava vendo. Foi bem divertido entender que nosso cérebro pode nos colocar em situações inesperadas, por nos fazer enxergar coisas que não estão lá. Se buscar na internet achará diversos outros exemplos sobre isso. Nossa percepção é moldada por expectativas, enxergamos o que esperamos ver a partir das nossas crenças e experiências anteriores. A maioria de nós é resistente a quebra de padrões e a mudança de paradigma exige justamente isso. Mas o que isso tem a ver com todo o resto que estamos falando? Veja, assim como o cérebro preenche as "cartas" com base no que conhece, em vendas nós também preenchemos lacunas com o que acreditamos. E, às vezes, isso nos impede de enxergar além e o que realmente está diante de nós. Para ilustrar um pouco mais, veja as imagens abaixo.

O que vê?[1]

Figura 1 – Paradigmas (Ilusão).

Estas são imagens famosas que pode encontrar com uma simples busca na internet. O que vê? Pessoas, Vaso, coelho, pato? Todos esses?

Paradigmas são um dos maiores obstáculos para vendas. Ficar preso a um modelo mental antigo, baseado em experiências passadas, crenças limitantes

---

[1] **Figura 1** – Ilusão do Pato-Coelho (Duck-Rabbit). FLIEGENDE BLÄTTER, n. 1360, p. 147, 1892. Reprodução em WITTGENSTEIN (1953). **Figura 2** – Ilustração do Pato-Coelho (Duck-Rabbit). WITTGENSTEIN, Ludwig. Philosophical Investigations. 1953. **Figura 3** – Vaso de Rubin ou Faces e Vaso. Fonte: RUBIN, Edgar. Visuell wahrgenommene Figuren. 1915.

ou mesmo "boas práticas" que se tornaram obsoletas, pode custar a perda de bons negócios. Por exemplo, "esse tipo de cliente só fecha com preço baixo", ou seja, você já vai para negociação pronto para apenas barganhar por preço. Iniciar qualquer negociação com esses paradigmas, nos cegam para as oportunidades. Por isso, quem vende com script não vê o cliente, entende? Quem só ouve as objeções como barreira, nunca escuta os sinais de compra por trás delas.

Hoje, quando entramos em uma negociação, encontramos um cliente que está confuso com excesso de informação. Imagine que este cliente recebe todos os dias diversas propostas para resolver "n" problemas, dezenas de pedidos de contatos de empresas de todos os tipos com múltiplas soluções diferentes, ou seja, a concorrência por atenção é insana. A maioria desses contatos e propostas são genéricos, robotizados, sem personalização e aí que entre o **SHIFT®**, precisamos romper com nossos próprios modelos mentais, caso contrário, não conseguimos ajudar o cliente a romper o dele.

O **SHIFT®** não surgiu em um laboratório acadêmico, tampouco foi uma inspiração solta no papel. Ele nasceu da vivência intensa de escutar clientes, perder negociações importantes, de quebrar paradigmas e ganhar outras na base da confiança construída, observar o que funcionava de verdade e, acima de tudo, questionar. Questionei por que tantos profissionais ainda insistem em empurrar soluções e atuar de forma genérica quando deveria ser personalizado. Por que tantos treinamentos ainda ensinam a pressionar, a forçar, a usar fórmulas generalistas para tratar algo super personalizado, a dramatizar a escassez como se o cliente fosse um alvo e não um parceiro? Questionei até onde isso levaria o futuro da profissão que abracei com tanta paixão.

Mas se tudo isso acima não bastasse para gerar uma grande complexidade, ainda fazem pior, como esse relato real a seguir:

Fui convidado, pouco antes de concluir este livro, a participar de um evento com foco em vendas e organização de empresas. O alvo eram os pequenos e microempresários, com pouca ou nenhuma noção de negócios, ou gestão empresarial, mas com domínio da sua profissão. Eram contadores, advogados, engenheiros, pedagogos, enfim, diversos empresários de múltiplos setores que estavam em busca de algum conhecimento que os fizesse desempenhar melhor. Acho até que esta organização faz um papel interessante, foco no básico, apresentar conceitos simples e ferramentas aplicáveis. Para quem não tem nada, já é algo que ajuda a melhorar seus negócios. Mas, a parte de vendas, meu Deus!! Houve um encontro virtual, um pré-evento apenas sobre vendas, foi aí que vi a urgência de avançar com este livro. Quem me conhece, sabe que sou intransigente com a falta de ética. Nesta live, ouvi do instrutor "vocês não precisam dizer a verdade para o cliente, mesmo que não tenha como atender, diga que atende, mesmo que não tenha o produto, diga que tem e feche o negócio". Já imaginam o que acho disso, uma orientação perigosa, antiética e irresponsável, especialmente dirigida a esses empresários, que continuam construindo sua reputação e confiança no mercado. Mas sabe o que é pior, muitos acreditam que isso é "jogo de cintura", "se não fizer, não vende", "os outros fazem", "o mercado é assim", mal sabe ele que terá um crescimento grande e muito rápido e uma queda na mesma proporção ou maior, com muito retrabalho, reclamações, ações judiciais, prejuízos financeiros e reputação manchada com danos irreversíveis. Atuar desta forma não é só imoral, é burrice.

Diante de tudo isso, entendi a urgência de disponibilizar algo que fizesse a diferença e, após um longo processo de reflexão e busca por coerência e entendimento do porquê de alguns seguirem os caminhos como relatei acima, decidi que era hora. E percebi que as respostas estavam diante de mim e que não precisa reinventar a roda, já havia muita coisa boa produzida, mas estavam desconectadas em metodologias que, isoladamente, sempre admirei, mas que, quando combinadas como método, poderiam formar algo muito mais poderoso, passando a ser o novo farol de vendas e negociação para esses empresários, vendedores, educadores e todos os que atuam com o tema de uma forma ou de outra.

O SPIN Selling de Neil Rackham, com seu foco em diagnóstico consultivo, sempre foi uma referência para mim. Aprendi que, ao fazer boas perguntas, revelamos não apenas problemas, mas relações de causa, urgência e desejo que nem o próprio cliente tinha percebido ainda.

Depois, me aproximei da Negociação de Harvard de Roger Fisher, Willian Ury e Bruce Patton, não como quem lê um livro, mas como quem busca um caminho prático para resolver conflitos complexos com equilíbrio e estratégia. Entendi que negociar com base em princípios, separando pessoas de problemas, buscando interesses comuns e sustentando argumentos com critérios objetivos era a única forma de construir acordos sustentáveis. Era, de fato, onde a confiança deixava de ser uma ideia abstrata e se tornava processo.

E então veio o Nudge, de Richard Thaler. A ciência comportamental entrou como uma revelação. Não bastava entender o cliente nem chegar a um acordo com ele. Era preciso compreender como ele tomava decisões. Era preciso desenhar contextos que facilitassem boas escolhas, éticas, conscientes e benéficas para todos. Foi aí que percebi: não bastava vender com método. Era preciso vender com ética, com intenção e com responsabilidade sobre o impacto das escolhas que ajudamos a moldar.

O **SHIFT®** é a convergência dessas três forças. Imagine o poder que essa união traz!! Não é um modelo engessado, mas sim um sistema vivo, adaptável, profundamente humano. Ele foi feito para os profissionais que, como eu, se cansaram do velho jogo de pressão e manipulação. Para aqueles que desejam ser vistos não como "vendedores", mas como consultores estratégicos, capazes de transformar cada interação em um momento de criação de valor real. Profissionais que querem escalar com reputação, com clareza e com uma mentalidade de impacto.

Por isso, este livro e o método que ele apresenta não são um conjunto de dicas. Ele é um convite à transformação. Aqui, ensino como aplicar diagnósticos SPIN com profundidade, como negociar com base em interesses reais e como usar Nudges éticos para estruturar propostas que respeitam a jornada decisória do cliente. Tudo isso integrado em um processo contínuo de alta performance, que transforma a venda em uma jornada estratégica e não num jogo de sobrevivência.

O **SHIFT®** não é sobre vender mais. É sobre vender melhor. Com mais propósito. Com mais clareza. Com mais respeito.

Esse é o ponto de partida de uma jornada. A minha já começou há muito tempo, mas talvez a sua comece agora. E se você decidir fazer o **SHIFT®** na mente, na prática, e na intenção, posso te garantir: você vai transformar não só seus resultados, mas a forma como o mercado te enxerga.

Vamos juntos?

SHIFT® – uma nova lente para enxergar vendas e negociação

O método **SHIFT®** nasceu da prática de mais de 30 anos de atuação em vendas complexas e da inquietação constante diante de um mercado que ainda insiste em vender com fórmulas ultrapassadas.

SHIFT® não é uma sigla. É uma virada de chave.

É um convite a repensar o papel do profissional de vendas como agente de escuta, construção e transformação.

Em um mundo saturado de *pitches* decorados, abordagens agressivas e propostas genéricas, o **SHIFT®** se posiciona como um modelo ético, estratégico e profundamente humano.

Antes de começarmos a mergulhar no **SHIFT®**, vamos entender o mercado para poder compreender o porquê de você ter comprado este livro.

Oportunidades no B2B brasileiro e o papel estratégico do **SHIFT®**

O mercado B2B (*business-to-business*) é a espinha dorsal da economia global — e do Brasil. Você já tinha noção disso?

Veja a distribuição do PIB vs mercado B2B no mundo e no Brasil:[2]

Região	PIB (US$ tri)	B2B total (US$ tri)	E-commerce B2B (%)	E-commerce B2B (US$ tri)
Ásia	42,6	18	25%	4,5
América do Norte	35,3	14	20%	2,8
Europa	28,2	13	18%	2,3
América Latina	6,3	1	10%	0,1
África	2,84	0,7	5%	0,035
Oceania	2,1	0,3	12%	0,036
Brasil	**2,17**	**0,615**	**4,40%**	**0,027**

Figura 2 – PIB vs mercado B2B.

Fonte: Elaborado pelo autor (2025).

Somando os continentes (sem duplicar o Brasil), o PIB global atinge US$ 117 trilhões, com US$ 47 trilhões em transações B2B, ou seja, aproximadamente

[2] **Figura 2** – Fontes: **WORLD BANK**. *World Development Indicators*. Washington, D.C.: World Bank, 2024. Disponível em: https://data.worldbank.org/indicator/NY.GDP.MKTP.CD. Acesso em: 20 mai. 2025. **GLOBE NEWSWIRE**. *Global B2B E-commerce Market to Reach $33.3 Trillion by 2030*. 2023. Disponível em: https://www.globenewswire.com/news-release/2023/09/06/2738427/0/en/Global-B2B-E-Commerce-Market-to-Reach-33-3-Trillion-by-2030.html. Acesso em: 20 mai. 2025. **DIGITAL COMMERCE 360**. *B2B E-commerce Market Report*. 2023. Disponível em: https://www.digitalcommerce360.com/article/b2b-ecommerce-market/. Acesso em: 20 mai. 2025. **INFRACOMMERCE**. *Panorama do E-commerce B2B na América Latina*. São Paulo: Infracommerce, 2024. Disponível em: https://ir.infracommerce.com.br/e-commerce-market. Acesso em: 3 jun. 2025. **DATAHORIZZON RESEARCH.** ***B2B E-commerce Market Report****, 2023–2032*. [S.l.]: DataHorizzon Research, 2023. Disponível em: https://datahorizzonresearch.com/b2b-e-commerce-market-2193. Acesso em: 3 jun. 2025. **SOAX.** ***B2B eCommerce Statistics in 2024***. 2024. Disponível em: https://soax.com/b2b-ecommerce-statistics. Acesso em: 3 jun. 2025.

40% do PIB global. A fatia do e-commerce B2B nesse volume é de US$ 9,77 trilhões (~21%).

Diferente do varejo (B2C), que boa parte boa parte de suas operações já migrou e continua migrando em alta velocidade para o digital, o B2B ainda é profundamente **relacional, analógico e marcado por ciclos de decisão longos, envolvimento de múltiplos *stakeholders* e uma necessidade constante de customização.**

E aqui está o dado que faz a ficha cair: mais de 95% das transações B2B no Brasil ainda ocorrem fora do ambiente digital. Isso não é atraso, é sinal de que há um enorme potencial de crescimento do digital, mas não dá para apostar todas as fichas em uma fatia que responde por menos de 5% dos negócios B2B, dá? Na Europa, 82% dos negócios B2B ainda são offline, na América do Norte 80%, na Ásia, o mais avançado no digital, 75%. Ou seja, mesmo em continentes muito mais maduros digitalmente que a América Latina, o relacional predomina fortemente sobre o digital. São os números, não sou eu que estou dizendo.

Cerca 25% do PIB nacional está representado por negócios B2B, o país movimenta mais de R$ 3 trilhões por ano nesse mercado. E apenas R$ 140 bilhões desse montante passa por canais digitais. O que significa que mais de R$ 2,8 trilhões continuam sendo negociados por telefone, visitas, reuniões presenciais ou virtuais, apresentações e propostas feitas e negociadas por humanos.

> Enquanto todos correm para automatizar, escalar e digitalizar, poucos estão atuando como deveriam ou se preparando para o que ainda é e continuará sendo por muitos anos, o maior campo de batalha real das vendas B2B no Brasil: a conversa, o diagnóstico, a negociação inteligente, a construção de valor.

O B2B digital é um mar vermelho por razões bastante simples: boa parte das empresas escolhe esse caminho acreditando que será facilmente escalável, que dominam as redes sociais (assim como milhares de outras também acreditam), que não há diferença entre vendas transacionais e vendas consultivas, que é possível montar máquinas de vendas *plug & play* como as que são incessantemente oferecidas nas redes, e também que não têm capacidade para gerar negócios customizados de alto valor e que, dar desconto é o único caminho possível. Este último ponto, na verdade, é apenas a consequência de toda a equação anterior. No fim das contas, o que vende é o preço, porque não há valor percebido.

É aí que o **SHIFT®** entra como diferencial competitivo. Ele não ignora o digital, mas entende que a jornada de compra no B2B é híbrida, densa e precisa de sofisticação humana. O vendedor **SHIFT®** não é o que automatiza tudo, é o que sabe onde a automação termina e onde começa a influência verdadeira.

Ao preparar os times comerciais para atuar com profundidade diagnóstica (SPIN), negociação colaborativa (Harvard) e influência contextualizada (Nudge), o **SHIFT®** oferece o que mais falta no mercado B2B atual: método aplicado à realidade.

> A maioria das empresas está formando SDRs para marcar reunião no LinkedIn. O SHIFT® forma profissionais para conduzir conversas que movimentam milhões. Enquanto alguns tentam escalar volume, o SHIFT® ensina a escalar valor.

E essa é a verdadeira virada de chave: entender que o futuro das vendas B2B não será 100% digital. Será 100% humano com apoio digital. Os dados mostram que quem acreditar apenas na automação perderá o cliente que ainda precisa conversar, negociar, ajustar, cocriar.

SHIFT® é a metodologia certa para o momento certo. Em um país onde 95% do mercado ainda está offline, há trilhões esperando quem saiba se posicionar.

Essa é a próxima grande fronteira e ela está aberta agora.

O que significa **SHIFT®**?

SHIFT® é uma palavra escolhida com propósito.

Representa a mudança estratégica que todo profissional de vendas precisa fazer: sair da zona da pressão para a zona da construção de valor.

SHIFT® é transição, movimento, escolha e, mais do que tudo, transformação sustentável nas relações comerciais.

Mais do que um método, **SHIFT®** é uma mentalidade.

É a transição entre vender para cumprir meta e vender para transformar.

É o movimento de quem abandona os atalhos da insistência e adota o caminho da influência ética, da escuta consultiva e da negociação colaborativa.

Fazer o **SHIFT®** na forma de vender.

Adotar o **SHIFT®** como abordagem.

Liderar pelo **SHIFT®**

É uma obra que integra, de forma inédita e prática, três metodologias consagradas:

- **SPIN Selling:** escuta consultiva e diagnóstico profundo.
- **Negociação de Harvard:** acordos sustentáveis baseados em interesses reais.
- **Nudge:** influência ética baseada em ciência comportamental.

Esses três pilares formam um modelo completo de vendas B2B que transforma o vendedor em um consultor estratégico, capaz de criar valor desde a primeira conversa até a assinatura do contrato e além.

O **SHIFT®** como plataforma de transformação.

A força do conceito **SHIFT®** está em sua expansão natural para diferentes frentes de desenvolvimento:

- **SHIFT Selling:** metodologia completa para vendas B2B consultivas.
- **SHIFT Academy:** capacitação prática para times comerciais e lideranças.
- **SHIFT Playbook:** aplicação do método nos processos e materiais da empresa.
- **SHIFT Leader:** programa para formar líderes de vendas transformacionais.
- **SHIFT Lab:** experiências de imersão, simulação e construção em grupo.

SHIFT® é escolha, é direção, é impacto.

É o passo além que separa quem vende de quem transforma.

Quem empurra de quem conduz.

Quem convence de quem inspira.

Com a integração de três metodologias consagradas, SPIN, Harvard e Nudge, o **SHIFT®** se consolida como uma plataforma de desenvolvimento contínuo para profissionais e organizações que buscam mais do que bater metas: **buscam gerar impacto, criar valor e construir relações comerciais sustentáveis e duradouras.**

Por que integrar SPIN, Harvard e Nudge? Porque, juntos, SPIN, Harvard e Nudge transformam a venda consultiva em uma experiência muito **mais estratégica, humana e poderosa**.

SHIFT® é para quem?

Para profissionais que:

- Querem vender sem manipular.

- Desejam ser reconhecidos como consultores, não empurradores.
- Precisam escalar suas vendas com método e reputação.
- Buscam uma abordagem que respeita a inteligência do cliente.
- Estão prontos para fazer da venda uma jornada de valor, e não um jogo de pressão.

O que você vai encontrar neste livro?

Ao longo dos próximos capítulos, você vai:

- Aprender a aplicar diagnósticos SPIN com profundidade.
- Negociar com base em interesses, não em concessões.
- Construir propostas com Nudges éticos e *framing* inteligente.
- Integrar tudo isso em um processo contínuo de alta performance.
- Transformar cada venda em uma oportunidade real de impacto positivo.
- Prospectar e gerar reuniões muito mais produtivas.

SHIFT® não é sobre vender mais.
É sobre vender melhor, com mais propósito, clareza e respeito.

Esta apresentação marca o início de uma jornada.

A jornada de quem escolhe transformar o modo como vende — e, com isso, transformar também o mercado e as relações.

Vamos dar início a jornada!

INTRODUÇÃO

O novo cenário das vendas consultivas

O mundo das vendas B2B mudou. Alguma dúvida quanto a isso? Creio que não. Ciclos cada vez mais longos, múltiplos decisores, maior exigência por personalização e um cliente muito mais informado colocaram em xeque o velho modelo de "vender empurrando". Hoje, o vendedor que se limita a apresentar produtos ou repetir argumentos decorados se vê rapidamente substituído por concorrentes mais preparados ou, muitas vezes, pela automação.

Isso é algo que tenho dito sempre, vendedores que se limitam a enviar um e-mail sem personalização para empresa e interlocutor, que decora *pitch* e repete sempre, que negocia apenas dando desconto, não é mais necessário. Sinto informar que existem ferramentas que fazem melhor e trabalham 24 horas por dia, além disso, as IAS conversacionais estão evoluindo tão rápido que, senão ocorrer agora, muito em breve esse tipo de vendedor será substituído.

Diante desse cenário, emerge um novo perfil profissional: o **consultor estratégico de vendas**.

Você pode estar pensando: "Mas já se fala disso há muito tempo." É verdade. E o que você fez a respeito? Talvez não muito. E não há culpa nisso, somos bombardeados diariamente por um excesso de informações, muitas delas superficiais ou contraditórias, que mais confundem do que ajudam.

O problema é que se não começar a se mexer na direção certa, vai ter que procurar outra coisa para fazer.

Aqui, vamos deixar claro, de uma vez por todas, que vendas é muito mais do que convencer: é sobre escutar com inteligência. É mais do que empurrar soluções: é construir valor real.

É mais do que pressionar por decisões: é influenciar com ética e intenção.

Se você não tem ideia de como isso é possível ou se quer aprimorar suas habilidades, aqui você vai encontrar isso.

Este livro é para esses profissionais.

Para quem quer ir além da técnica e mergulhar na essência da venda como ato de transformação. Para líderes que buscam escalar equipes com propósito e performance. Para organizações que desejam construir relações comerciais sustentáveis e respeitosas.

Este não é um manual engessado, tampouco uma coletânea de frases prontas. Além do que já vimos acima, aqui você encontrará:

- Uma **estrutura integrada de métodos comprovados**, como SPIN Selling, Negociação de Harvard e Nudge;
- **Casos práticos e ferramentas aplicáveis**;
- Um modelo de vendas centrado em **estratégia, empatia e ética**;
- Um roteiro claro para formar ou reformular times de vendas de alta performance.

Vender como Transformação

Vender, no contexto do **SHIFT®**, não é apenas fechar negócio. É contribuir para que o cliente resolva um problema real, avance em seus objetivos e se sinta respeitado no processo.

É hora de virar a chave. Hora de transformar o "*pitch*" em "escuta", a "pressão" em "parceria" e a "meta" em "missão".

Aqui um primeiro caso que ilustra bem porque precisa mudar e rápido.

O Fim do Velho Vendedor

Não faz muito tempo, uma empresa do setor de tecnologia, cujo nome prefiro omitir por questões de confidencialidade, viveu na pele uma transformação que talvez soe, para muitos, desconfortavelmente familiar.

Por anos, seu modelo de vendas B2B foi simples e relativamente eficaz. O processo consistia em treinar vendedores para decorar apresentações, listar as funcionalidades do produto, enviar propostas padrão e, quando necessário, aplicar o velho e conhecido "descontinho" para fechar negócio. Funcionava. Funcionava... Até não funcionar mais.

De repente, ou talvez nem tão de repente assim, apenas não perceberam antes, algo começou a mudar. O cliente já não atendia mais tão prontamente. Quando atendia, chegava munido de informações técnicas, comparativos entre fornecedores, cases do concorrente e, pasme, muitas vezes mais preparado que o próprio vendedor. Já sabia os benefícios, sabia os riscos e, para piorar, sabia os pontos fracos da empresa que nem os próprios vendedores reconheciam.

O ciclo de vendas, que antes se encerrava em 60 dias, passou a durar 120, 180, às vezes até mais. Se antes bastava convencer um ou dois decisores, agora o jogo envolvia seis, oito, dez pessoas. TI, Operações, Compras, Jurídico, Financeiro e Diretoria, todos com preocupações diferentes, agendas próprias e uma infinita lista de objeções.

E a pergunta que ecoava em cada reunião era direta, brutal e inescapável:

> "Por que investir em vocês, agora, se posso fazer isso com outro parceiro, ou pior, se posso resolver sozinho?"

Quando a ficha caiu...

O ponto de ruptura veio numa reunião crítica, com um cliente relevante e negociação já avançada. Após ouvir pacientemente uma apresentação genérica, uma daquelas que parecia ter sido copiada do próprio site da empresa, o cliente disparou:

> "Se é para receber uma apresentação que eu já li no site de vocês, prefiro nem seguir essa conversa."

Silêncio. Pesado. Desconfortável. Doloroso.

Foi o soco no estômago que a liderança precisava. Naquele instante, entenderam, com toda clareza, que não era mais sobre vender um produto. **Era e é sobre resolver um problema.**

A Implosão do Velho Modelo

Até então, o time operava em um ciclo vicioso:

- Mandava e-mails frios, sem personalização.
- Fazia reuniões com apresentações iguais para todos.
- Fechava negócios na base do desconto, muitas vezes sem sequer entender o real problema do cliente.

O que não perceberam é que o mundo havia mudado. E rápido.

Clientes não querem mais comprar produtos. Querem resolver problemas específicos, reduzir riscos, melhorar indicadores e atingir resultados claros e mensuráveis.

O velho vendedor, aquele que empurrava catálogo, *pitch* decorado e proposta padrão, não serve mais.

E mais: há ferramentas e IAs que já fazem isso melhor, mais rápido e 24 horas por dia.

A reconstrução do time e, do conceito de vender

O choque foi forte o suficiente para provocar uma transformação radical. A empresa mudou seu modelo comercial, seus processos e, sobretudo, a mentalidade de seu time de vendas.

Três mudanças cruciais aconteceram:

1. **Mudou o papel:** O vendedor deixou de ser apresentador de produto para se tornar um consultor estratégico de negócios.
2. **Mudou o processo:** Nenhuma proposta era enviada sem antes:
   - Diagnosticar profundamente o contexto do cliente.
   - Mapear dores, desafios operacionais, metas estratégicas e restrições.
   - Conversar com todos os *stakeholders*, entendendo suas reais preocupações.
3. **Mudaram as métricas**: O time não era mais medido por quantidade de propostas ou número de reuniões, mas sim por:
   - Quantidade de diagnósticos realizados.
   - Valor potencial de impacto gerado para o cliente.
   - Clareza na construção de ROI, redução de riscos e criação de valor.

O vendedor que entendeu a mudança

Um dos profissionais que mais se destacou nessa virada foi Marcos, nome fictício, mas a história é real.

Marcos percebeu que, no novo jogo, a venda não começa apresentando o produto. Ela começa com perguntas como:

- “O que está te tirando o sono hoje?”
- “Se eu pudesse te ajudar a melhorar 20% de algum KPI, qual mudaria seu trimestre?”

- "Se esse problema não for resolvido nos próximos seis meses, qual é o impacto disso no seu negócio?"

Foi só quando passou a ouvir com atenção, mapear problemas ocultos e, junto com o cliente, construir soluções personalizadas, que os resultados começaram a aparecer e rápido.

Os resultados não mentem

Em menos de nove meses, a empresa viu:

- O ciclo de vendas reduzir de 180 para 95 dias.
- A taxa de conversão subir 27%.
- A margem média dos contratos aumentar em 12%.
- E o índice de satisfação dos clientes no pós-venda crescer 38%.

Mais revelador ainda foi o efeito colateral inevitável: os vendedores que não quiseram ou não conseguiram fazer essa transição, foram naturalmente desligados.

Não por punição. Não por maldade. Mas por que, simplesmente, o mercado não tem mais espaço para quem não entrega valor real.

O velho modelo morreu. E não volta mais.

Quem não entender que vender hoje é mais sobre escutar do que falar, diagnosticar do que oferecer, construir do que empurrar, já está fora do jogo.

Não se trata mais de convencer. Se trata de influenciar, com ética, com intenção e, sobretudo, com propósito.

A pergunta é: **e você, mudou?**

Este caso tem pelo menos uns 15 anos, ou seja, empresas que tem repensado a forma de vender, vem se destacando no mercado e, não é de hoje.

Este livro é caminho para entender essa transformação e, mais do que isso, para se preparar de forma consistente para ela.

Naturalmente, ele não fará isso por você. Ler, por si só, não muda nada. O que muda é aquilo que você faz com o que aprende. Exige esforço, disciplina e, sobretudo, decisão.

Se você estiver disposto a colocar isso em prática, não há dúvida: vai se destacar. E, na pior das hipóteses, estará no mesmo nível dos melhores. **Na melhor, será a referência que os outros irão perseguir.**

CAPÍTULO 1

POR QUE **SHIFT®**? A CRIAÇÃO DE UMA NOVA ABORDAGEM

Ainda que pareça óbvio e repetitivo dizer que o mundo das vendas mudou, o que muitas vezes passa despercebido é o quanto essa mudança criou um descompasso entre como muitos vendedores atuam e como os clientes realmente tomam decisões.

Hoje, os ciclos de venda são mais longos, envolvem múltiplos *stakeholders*, pressões orçamentárias, critérios rigorosos e um nível de informação do cliente como nunca visto. O comprador atual pesquisa, compara, consulta pares e espera um parceiro estratégico, não um replicador de argumentos prontos.

Nesse novo cenário, o modelo baseado em pressão, insistência e *pitches* decorados perdeu força. Ele não dialoga com a complexidade de compras que envolvem alto valor, risco percebido ou mesmo a geração de impacto organizacional.

O que percebi, ao longo de décadas atuando nesse mercado, é que o problema não é apenas a técnica do vendedor, mas a mentalidade com a qual ele encara a venda.

Há ainda muitos profissionais presos a um modelo de venda centrado no produto, enquanto o cliente está cada vez mais centrado no problema que precisa resolver. Essa desconexão gera sintomas clássicos: ciclos travados, propostas que não evoluem, conversas ancoradas em preço e decisões que escapam por falta de conexão real com as necessidades do cliente.

Alta performance em vendas B2B exige mais do que saber vender, exige saber como e por que o cliente compra.

O **SHIFT**® nasce exatamente como resposta a esse cenário

Uma nova abordagem, que abandona o modelo centrado na pressão e na tentativa de convencimento, e adota uma lógica de criação de valor desde o primeiro contato.

É sobre abandonar os atalhos da insistência e trilhar o caminho da influência ética, da escuta consultiva e da negociação colaborativa.

Em um mundo onde o cliente está no controle, fazer o SHIFT® não é mais uma opção. É uma necessidade para quem quer vender com relevância, gerar impacto, construir confiança e fechar negócios que sejam bons para todos os lados.

Essa metodologia nasceu da prática. Anos de atuação em vendas complexas revelaram que os vendedores mais eficazes tinham três competências em comum:

1. **Diagnosticavam profundamente** as dores e o contexto do cliente;
2. **Negociavam com foco em interesses mútuos**, não em concessões forçadas;
3. **Influenciavam decisões com base na psicologia do comportamento**, e não na manipulação ou pressão.

A partir desta constatação é que surgiu naturalmente a necessidade de integrar três metodologias consagradas: SPIN SELLING, NEGOCIAÇÃO DE HARVARD e NUDGE

As três forças do método

Cada pilar do **SHIFT**® vem de uma escola reconhecida e validada:

Método de origem	Foco principal
SPIN Selling	Diagnóstico Consultivo Profundo
Negociação de Harvard	Acordos Sustentáveis e Orientados a Valor
Teoria do Nudge (Thaler)	Influência Ética e Comportamental

Figura 3 – Método vs foco.

Fonte: Elaborado pelo autor (2025).

O mercado já dava sinais claros: era hora de algo novo, capaz de realmente transformar a prática em vendas complexas.

Só fazer boas perguntas (SPIN) não basta. É preciso saber construir acordos viáveis (Harvard) e ajudar o cliente a decidir (Nudge). O método **SHIFT®** integra essas práticas para que o profissional atue com visão sistêmica, leveza e assertividade.

Combate direto a três grandes falhas do modelo tradicional:

- Diagnóstico superficial: o vendedor foca no produto, não no cliente.
- Negociações desgastantes: vira uma guerra de concessões.
- Baixa conversão: o cliente fica paralisado por insegurança ou excesso de opções.

Muitas vezes, o cliente diz 'vou pensar', não por desinteresse, mas por falta de clareza ou segurança. A metodologia **SHIFT®** atua sobre isso.

Resultados esperados:

- Fortalecimento da autoridade consultiva.
- Ciclos de venda mais curtos.
- Taxas mais altas de fechamento.
- Construção de parcerias duradouras.
- Posicionamento diferenciado no mercado.

O vendedor Marcos segue conosco apresentando os insights que teve.

Na prática, o **SHIFT®** em ação

Marcos, profissional experiente no setor de tecnologia B2B, percebeu que algo estava fora do lugar. Suas taxas de conversão caíam mês após mês. As reuniões perdiam força rapidamente. E os "vou pensar" passaram a ser a resposta padrão.

Por um tempo, acreditou que o problema estava no mercado, na concorrência, nos preços. A massa pensa apenas nisso, a culpa está sempre nos outros, no mercado ou no governo. Até que, num raro momento de lucidez e autocrítica, percebeu que o problema era mais interno do que externo. **O modelo de abordagem que ele usava e que funcionou por anos, simplesmente não servia mais.**

Foi nesse ponto que começou a mudança, no **SHIFT®** que teria que dar para voltar a performar. Então, ele começou a agir e pensar de forma diferente dos demais.

O primeiro passo foi abandonar o piloto automático. Antes de qualquer abordagem, passou a estudar o mercado do cliente, os desafios do segmento, as tendências e as dores prováveis daquela operação. Não fazia mais sentido sair oferecendo soluções sem entender onde elas realmente se encaixavam.

Deixou de abrir conversas falando sobre sua empresa, produtos ou cases. Começou a ouvir mais. Abordava cada interlocutor com empatia genuína, interessado, de fato, no que estava acontecendo ali, com aquele negócio, naquele contexto.

Percebeu que não bastava ter uma boa solução. Era preciso ajudar o cliente a entender, com clareza, o custo invisível de não agir. Aprendeu a usar princípios da psicologia comportamental para organizar argumentos, dados e perguntas que conduziam à decisão sem pressão, sem manipulação, mas com intencionalidade.

Passou a discutir não apenas a dor atual, mas o impacto futuro de manter aquela situação. Mostrava como aquela decisão ou a falta dela afetaria produtividade, custos, competitividade e até a sustentabilidade do negócio nos meses e anos seguintes.

O resultado não foi apenas um contrato fechado. Foi um relacionamento transformado. As conversas deixaram de ser sobre produtos e passaram a ser sobre futuro, crescimento, eficiência e impacto. O cliente, que antes o via como mais um fornecedor, agora o tratava como parceiro estratégico.

O que isso revela?

Que, na nova realidade das vendas, não é quem fala mais, quem dá mais desconto ou quem aparece mais que vence. Vence quem entende mais, quem se prepara mais e, sobretudo, quem é capaz de construir valor real, perceptível e sustentável.

O **SHIFT®** não é uma técnica isolada. **É uma mentalidade. Uma forma de estar nas vendas. E, honestamente, a forma de permanecer no jogo.**

Nos próximos capítulos, vamos detalhar cada componente, sua origem, aplicação prática e como combiná-los na jornada de vendas. Se você quer vender mais, com mais qualidade e propósito, vamos adiante.

CAPÍTULO 2

SPIN SELLING: DIAGNÓSTICO CONSULTIVO EM PROFUNDIDADE

Aqui começa a mudança! Quando pensamos em vendas consultivas, a primeira imagem que deve vir à mente é a de um profissional que escuta mais do que fala. Mas escutar com intenção. Escutar com método. Escutar para entender, não apenas para responder.

É nesse ponto que o SPIN Selling entra como uma das mais poderosas ferramentas já criadas para entender o cliente a fundo e construir conversas de alto impacto comercial.

O que é SPIN Selling[1]?

Desenvolvido por Neil Rackham a partir de uma extensa pesquisa com mais de 35 mil vendas complexas ao redor do mundo, o SPIN Selling trouxe uma revolução para a área comercial: ele substituiu o *pitch* decorado pela **pergunta estratégica**.

SPIN é um acrônimo para os quatro tipos de perguntas que conduzem o cliente ao reconhecimento da sua própria necessidade:

- **S – Situação:** coleta de dados sobre o contexto atual.
- **P – Problema:** identificação de dores, falhas ou lacunas.
- **I – Implicação:** ampliação da consciência sobre as consequências de manter o problema.

---

1 **RACKHAM, Neil.** *Spin selling.* New York: McGraw-Hill, 1988.

- **N – Necessidade de Solução (*Need-payoff* – o retorno, a recompensa, o ganho):** estímulo à visualização dos benefícios de resolver a situação.

A lógica por trás do SPIN

Rackham demonstrou que vendedores de alta performance criam valor antes de apresentar valor. Eles guiam o cliente por uma jornada de reflexão estruturada, em que a solução surge como consequência lógica, não como imposição.

Veja o fluxo:

1. **Situação:** "Quantos sistemas vocês usam hoje para gerir os contratos?"
2. **Problema:** "Esses sistemas se comunicam entre si com fluidez?"
3. **Implicação:** "Como essa falta de integração impacta na previsibilidade das entregas?"
4. **Necessidade:** "Se você pudesse unificar tudo em uma única plataforma, que ganhos isso traria para o time?"

Essa sequência não apenas organiza a conversa, ela **orienta o raciocínio do cliente** e fortalece a relação de parceria.

Como Aplicar o SPIN na Prática?

1. **Situação:** Essas perguntas levantam o cenário atual. São importantes, mas devem ser **objetivas e limitadas** para não gerar desgaste. Exemplo: "Como é feito hoje o *onboarding* de novos colaboradores?"
2. **Problema:** Aqui se explora o que não está funcionando. **Evite assumir dores**: ajude o cliente a nomeá-las. Exemplo: "Vocês enfrentam dificuldades para garantir que todos os novos contratados recebam as mesmas informações?"
3. **Implicação:** Este é o ponto mais crítico. São as perguntas que mostram o preço da inação, o impacto das falhas, o custo oculto. Exemplo: "E quando essa padronização falha, o que costuma acontecer com o desempenho dos novatos?"
4. **Necessidade de Solução (*Need-payoff* – o retorno, a recompensa, o ganho):** Agora você convida o cliente a imaginar os benefícios da mudança. Isso aumenta a urgência de forma natural e ética. Exemplo:

"Se houvesse uma forma automatizada de centralizar o treinamento, como isso impactaria a produtividade e retenção?"

Parece simples, não? Longe disso. Aplicar o SPIN Selling sem uma boa formação, conhecimento do mercado, da própria empresa e dos produtos e serviços que vende, fará você parecer um robô que segue um script mecanicamente, incapaz de lidar com as possíveis objeções e adaptações necessárias durante a conversa. E aqui para nós, uma IA segue um script muito melhor. Sendo isso uma verdade absoluta, qual seria a sua utilidade se uma IA faz melhor, mais rápido, em maior volume e sem necessidade de pausa?

A seguir, um exemplo do que ocorre de forma recorrente.

Os erros mais comuns ao usar SPIN:

- Fazer muitas perguntas de situação: parece interrogatório.
- Pular direto para a venda sem explorar a Implicação.
- Tentar forçar a necessidade em vez de cocriá-la com o cliente.
- Não escutar ativamente: as melhores perguntas surgem das respostas, não do script. Entende por que precisa ter os conhecimentos que mencionei acima?

Estudo de caso – Venda de Plataforma de Treinamento Online

Contexto: Uma empresa tem alta rotatividade de funcionários e dificuldades em padronizar o processo de integração.

Aplicação do SPIN:

- **Situação:** "Como é feito hoje o processo de *onboarding*?"
- **Problema:** "Todos os contratados recebem o mesmo nível de treinamento?"
- **Implicação:** "Quando isso falha, há impactos na produtividade ou clima organizacional?"
- **Necessidade:** "Se vocês tivessem uma solução para automatizar e garantir o padrão, o que mudaria na performance dos novatos?"
- **Resultado:** o cliente chega à conclusão de que precisa mudar **antes mesmo que o vendedor apresente a solução.**

Ferramentas e recomendações:

- Roteiro SPIN para entrevistas.

- Checklist de perguntas abertas x fechadas.
- Template de planejamento de diagnóstico.
- Quadro comparativo: SPIN vs. abordagem tradicional.

"Os vendedores de maior sucesso criam valor antes de apresentarem valor." – Neil Rackham

Vocês já devem ter se deparado com algum vendedor que conhece muito pouco o que vende, não conhece o mercado em que atua, não conhece o cliente e nem mesmo seu interlocutor, mas, mesmo assim, se apresenta como expert, como consultor. Isso acaba não dando muito certo. Veja se não é algo como isso.

Exemplo desastroso no B2B (SPIN mal aplicado)

Contexto: Consultor de uma instituição educacional tenta vender um programa corporativo de pós-graduação para um gerente de RH de uma empresa média. O tom é apressado, o foco é no produto, e o cliente sente-se acuado.

S – Situação

- "A sua empresa tem muitas pessoas ainda só com graduação, certo?"
- "Vocês têm plano de cargos e salários? A trilha da nossa pós-ajuda nisso."
- "Imagino que o seu papel seja cuidar da capacitação, certo?"
- (O cliente responde com frieza: "Sim, em parte...")

P – Problema

- "Então o problema é claro: colaboradores estagnados geram baixo engajamento."
- "Você sabe que sem formação continuada a produtividade despenca..."
- "A concorrência já está investindo mais. Vocês estão ficando para trás."
  (Cliente já fecha a expressão, cruzando os braços.)

I – Implicação

- "Se isso continuar, você pode ter turnover alto, dificuldade de retenção e gente desmotivada."
- "E mais grave: a área de RH pode passar a ser vista como gargalo, e não como estratégica."

N – Necessidade (forçada)

- "Mas olha, nossos programas aumentam o engajamento em até 40%!
- É só fechar agora e a gente já agenda o *onboarding* da sua equipe."

Resposta do cliente: "Desculpe, mas isso tá parecendo mais pressão de vendedor do que parceria de negócio."

Percebe o Problema?

O que deveria ser uma conversa consultiva, baseada em entendimento e construção de valor, virou um roteiro forçado, cheio de afirmações genéricas, promessas que não se sustentam e perguntas desconectadas da realidade do cliente.

É exatamente isso que acontece quando alguém tenta aplicar o SPIN sem entender o seu real propósito. Ao invés de ajudar o cliente a refletir e tomar uma decisão consciente, cai na velha e desgastada **empurroterapia disfarçada de metodologia.**

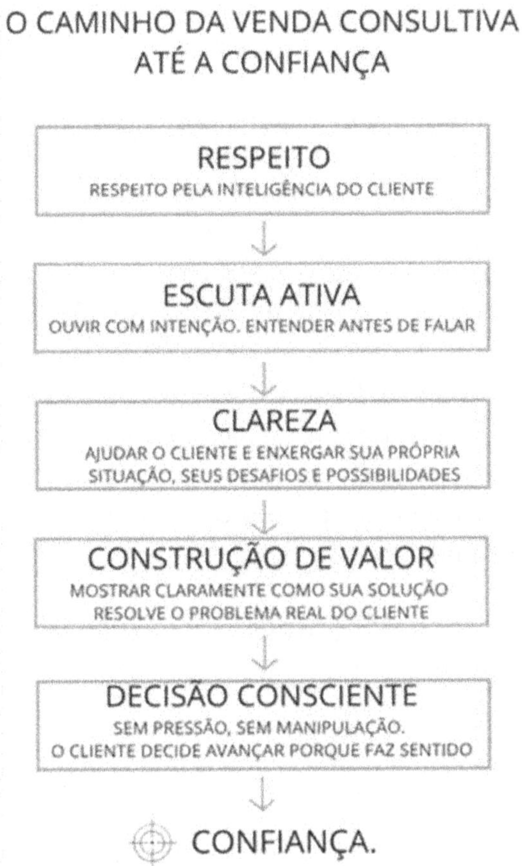

Figura 4 – O caminho da venda consultiva até a confiança.
Fonte: Elaborado pelo autor (2025).

E é isso o que tenho visto com muita recorrência, mesmo com as pessoas que se dizem instrutores de SPIN.

Por isso, mais do que seguir uma sequência de perguntas, o verdadeiro poder do SPIN está na escuta, na conexão e na capacidade de transformar uma conversa em uma construção de valor real — para ambos os lados.

E tenho certeza de que alguns, ao lerem isso, vão pensar: *"Mas está certo... o vendedor está fazendo o papel dele: vender."*

Se você é um deles, recomendo, com toda veemência, que repense.

Em grandes vendas, em pequenas vendas, em qualquer venda, há duas coisas que, para mim, são absolutamente **inegociáveis**:

Honestidade e respeito pelo cliente

Temos que lembrar que, apesar de sermos vendedores, também somos clientes. E lembrar como se sentiria se algo assim ocorresse com você. O que pensaria sobre o vendedor? O que pensaria sobre a empresa? Será que a empresa orientou os vendedores dessa forma?

Vender não é enganar. Não é pressionar. Não é fazer promessas vazias ou empurrar algo na base do medo, da urgência artificial ou da manipulação emocional.

Vender é gerar clareza. É ajudar alguém a tomar uma decisão consciente, com informações sólidas, alinhadas aos seus interesses, desafios e objetivos.

Se o que você oferece realmente gera valor, não há por que disfarçar, exagerar ou forçar. Basta conduzir uma boa conversa, honesta, estruturada e com intenção genuína de ajudar.

No fim, vender é sobre construir confiança. E confiança não se vende. Se conquista.

Agora vamos ver como isso seria com o mesmo caso, mas com condução adequada e desfecho positivo.

Exemplo bem aplicado no B2B (SPIN realista, maduro, consultivo)

Contexto: Consultor da mesma instituição, mas com abordagem consultiva e respeitosa, conversa com a gestora de RH de uma empresa que está passando por mudanças culturais e precisa desenvolver lideranças intermediárias.

S – Situação

- Consultor: "Você comentou que a empresa está crescendo rápido e que muita gente técnica foi promovida. Como vocês estão lidando com o desenvolvimento dessas novas lideranças?"
- Cliente: "É um dos nossos maiores desafios hoje. A gente tem excelentes técnicos liderando times, mas com pouca base de gestão."

P – Problema

- Consultor: "E isso tem aparecido como? Em entregas, conflitos, clima...?"
- Cliente: "Tudo isso. Os líderes se sentem inseguros, os times percebem, e a cobrança aumenta."
- Consultor: "Com tudo isso, imagino que vocês estejam apagando incêndio."
- Cliente: "Exatamente."

I – Implicação

- Consultor: "Creio que seja algo urgente a ser resolvido, a manutenção dessa situação pode afetar a organização em duas frentes, pelo menos, os resultados e a retenção desses times?"
- Cliente: "Já estamos vendo sinais. Gente boa pedindo para sair, líderes exaustos... e a percepção da diretoria de que a 'base' não está madura."

N – Necessidade (*need-payoff* real)

- Consultor: "Se a gente conseguisse montar uma trilha sob medida, com conteúdo prático, mentoria e que desse visibilidade para a diretoria de que a questão está sendo adequadamente tratada, ajudaria a fortalecer esses líderes e te daria espaço para trabalhar mais estrategicamente. Acredita que este possa ser um caminho para construirmos em conjunto?"

- Cliente: “Sim. Mas precisa ser algo aplicável, com acompanhamento. E com flexibilidade — não dá para tirar todos do dia a dia de uma vez.”
- Consultor: “Faz total sentido. Podemos desenhar uma proposta-piloto com um grupo menor? Assim, vocês validam o impacto antes de escalar.”
- Cliente: “Gostei da abordagem. Vamos avançar nisso.”

O que Isso Ensina?

(Aqui o cliente se sente respeitado. A venda vira uma construção conjunta.)

Por que essa conversa funciona?

- SPIN foi usado como bússola, não como roteiro.
- O foco está na solução do problema. Não no produto.
- A venda só acontece se houver alinhamento real entre necessidade e solução.

Conseguiu ver a diferença? Veja a tabela a seguir:

Aspecto	Versão Desastrosa	Versão Consultiva
Tom	Apressado, presunçoso	Calmo, investigativo
Foco	No produto e nas metas do vendedor	No problema real e na transformação do cliente
SPIN	Forçado, superficial	Fluido, como mapa mental de escuta
Resultado	Rejeição e quebra de confiança	Progresso natural da negociação

Figura 5 – Versão desastrosa vs versão consultiva.

Fonte: Elaborado pelo autor (2025).

É esse tipo de aplicação que faz com que o vendedor desenvolva relações de confiança, que favorecem recompras, recomendações e indicações.

Isso é tudo que queremos, relações duradouras que geram e ampliam os negócios.

CAPÍTULO 3

NEGOCIAÇÃO HARVARD: CONSTRUA ACORDOS DURADOUROS

Particularmente, sou fã de carteirinha da negociação baseada em princípios (Harvard Negotiation). Para mim, ela representa o que há de mais nobre, inteligente e sustentável no ato de negociar.

Negociar, no meu entendimento, **não é vencer. É construir.** Não é arrancar uma concessão. **É gerar clareza, entendimento e soluções que fazem sentido para todos os envolvidos.**

O modelo de Harvard me conquistou porque ele tira a negociação da arena do conflito, do embate, do jogo de força. E leva para onde ela deveria estar desde sempre: **a mesa da colaboração inteligente.**

E, no fundo, talvez eu seja fã de Harvard porque acredito que é possível e necessário fazer negócios sem abdicar da ética, da elegância e do respeito.

Sim, negociação é estratégia. Sim, negociação é técnica. Mas, acima de tudo, é humanidade.

Esse é exatamente um dos pilares desse livro, onde exploro como unir SPIN, Harvard e Nudge para transformar não apenas as vendas, mas também as relações profissionais e os resultados.

A negociação Harvard

Se a primeira etapa de uma venda consultiva é o diagnóstico, a segunda é inevitavelmente a negociação. Mas não qualquer negociação.

Em vendas complexas, com múltiplos interesses em jogo, negociar não pode ser um embate, precisa ser uma construção conjunta.

É aí que entra o Método de Negociação de Harvard, também chamado de Negociação Baseada em Princípios, desenvolvido por Roger Fisher, William Ury e Bruce Patton, autores do clássico *Getting to Yes* [1] (como chegar ao sim).

A filosofia da negociação por princípios

Diferente das negociações posicionais, em que cada lado defende sua proposta como se fosse uma trincheira, Harvard propõe uma abordagem colaborativa e orientada a interesses.

O objetivo não é "vencer", mas encontrar soluções justas, sustentáveis e mutuamente benéficas.

Entender isso é essencial para quem busca se tornar um vendedor de alta performance. Já ouvi, e ainda ouço que, "o cliente só quer saber de preço, de desconto". Em alguns segmentos da economia, isso de fato é realidade. Quando se trata de commodities, o diferencial costuma ser mesmo o custo. Mas mercados, produtos e serviços são diversos e não podemos adotar a mesma abordagem para todos. Aplicar o mesmo modelo em contextos tão distintos é desperdiçar potencial de valor e renunciar a negociações mais inteligentes.

Os 4 princípios centrais de Harvard

1. **Separe as pessoas do problema:** Trate as questões de forma objetiva, sem contaminação emocional. O foco é na solução, não no ego.
2. **Foque nos interesses, não nas posições:** A posição é o que o outro diz que quer. O interesse é o que está por trás disso. Descubra o "porquê".
3. **Crie opções de ganho mútuo:** Em vez de barganhar, cocrie alternativas que maximizem valor para ambos.
4. **Insista em critérios objetivos:** Baseie a negociação em dados, *benchmarks*, critérios técnicos e imparciais — não em achismos ou poder de pressão.

[1] **FISHER, Roger; URY, William; PATTON, Bruce.** *Getting to Yes: Negotiating Agreement Without Giving In.* 3. ed. New York: Penguin Books, 2011.

Aplicando a Negociação Baseada em Princípios

Separar as pessoas do problema

- Situação: O cliente está frustrado com atrasos no projeto.
- Aplicação: Em vez de se defender, o vendedor reconhece a frustração e propõe juntos analisar a causa.

Focar nos interesses

- Situação: O cliente pede 20% de desconto.
- Aplicação: O vendedor descobre que o real interesse é previsibilidade orçamentária. Solução? Condições comerciais fixas por 12 meses.

Criar opções de ganho mútuo

- Situação: O cliente quer iniciar o projeto com menos escopo.
- Aplicação: Criar um piloto enxuto que valide o impacto e permita expansão futura.

Insistir em critérios objetivos

- Situação: O cliente questiona o valor.
- Aplicação: Apresentar *benchmarks*, ROI médio de projetos similares e cláusulas de performance.

Estudo de caso – proposta de consultoria estratégica

Cenário: Cliente deseja adiar a contratação por questões orçamentárias.

Aplicação Harvard:

- **Separar pessoas do problema:** "Entendo sua preocupação com o orçamento. Posso te ajudar a pensar em caminhos."
- **Foco em interesses:** "Seu plano estratégico envolve crescimento de 20% em 6 meses, certo?"
- **Opções:** Implantação em fases com cronograma estendido.
- **Critério objetivo:** ROI esperado de 15% e métricas de impacto social previamente definidas.

Resultado: cliente opta por começar com um projeto-piloto, com possibilidade de expansão contratual após 90 dias.

É lógico que este é em exemplo simples com desfecho positivo, no mundo real você encontrará um nível de complexidade diferente, não tão simples. Mas isso ilustra os cominhos que devem adotados.

Ferramentas da negociação baseada em princípios:

- Mapa de interesses: posição declarada x real motivação

- Roteiro de reunião preparatória (Harvard)
- Guia visual dos quatro princípios
- Aplicação de *roleplay* com papéis definidos

Exercício Prático: Você está vendendo um CRM[2] para uma rede de clínicas. O decisor pede 25% de desconto alegando que um concorrente ofereceu isso.

Reflita:

- Qual pode ser o interesse real por trás do pedido?
- Como você pode reformular a proposta para manter sua margem?
- Que critérios objetivos podem sustentar o valor?
- Como evitar que a conversa se torne uma disputa?

Refletir sobre isso em cada negociação é o que o tornará pronto para negociar com mais segurança.

> **"Na negociação baseada em princípios, o objetivo não é vencer o outro lado, mas sim trabalhar juntos para encontrar uma solução sábia e justa."** – *Getting to Yes*

O BATNA e ZOPA: O poder Real da Negociação Consultiva

O que são BATNA e ZOPA?

Em negociações, especialmente no modelo baseado em princípios de Harvard, dois conceitos são essenciais para decisões estratégicas:

- **BATNA** (*Best Alternative to a Negotiated Agreement*): É a melhor alternativa a um acordo negociado. Em outras palavras, é o plano B caso a negociação atual não avance.
- **ZOPA** (*Zone of Possible Agreement*): É a zona de possível acordo, o espaço onde os interesses das partes se cruzam. Se o seu limite mínimo de valor está abaixo do limite máximo do cliente, existe uma ZOPA. Se não, temos um impasse.

Para que servem?

---

2 *Customer Relationship Management (CRM)* – Gestão de Relacionamento com cliente.

BATNA serve para:

- Reduzir a dependência emocional e comercial de uma única negociação;
- Evitar concessões por medo de "perder o cliente";
- Aumentar clareza e confiança na tomada de decisão.

BATNA forte = Poder

ZOPA serve para:

- Identificar se existe um acordo viável antes de gastar energia na negociação;
- Medir a flexibilidade de ambas as partes;
- Ancorar propostas em uma faixa realista e sustentável.

Aqui vale uma nota sobre ancoragem, antes de prosseguirmos.

A Arte da Ancoragem: Como Posicionar Valor Antes de Falar em Preço

Um dos erros mais comuns em propostas comerciais B2B é entregar o preço antes de entregar o valor.

Outro erro igualmente grave é não controlar o primeiro número que entra na mesa.

Ambos os erros têm o mesmo nome técnico: **falha de ancoragem.**

O que é ancoragem?

Ancoragem é um conceito da psicologia comportamental que mostra como o primeiro número mencionado numa negociação ou primeira referência de valor, influencia desproporcionalmente todas as avaliações seguintes.

Não importa o quão irracional o número seja: ele cria um ponto de referência psicológico. A partir dele, todas as comparações, julgamentos e percepções orbitam.

Em outras palavras, quem ancora, enquadra. **Quem enquadra, influencia.**

A ancoragem em vendas B2B

Em uma negociação técnica ou consultiva, ancoragem não é sobre inventar valores ou inflar preços.

É sobre posicionar a proposta em um contexto de valor percebido e estratégico, antes que o cliente construa esse contexto sozinho (o que quase sempre resultará em subvalorização do seu serviço).

A ancoragem não é só sobre "quanto custa", mas sobre quanto vale, em relação a quê, e para quem.

Exemplo prático: Você está vendendo um programa de engajamento corporativo para uma empresa com 20 mil funcionários.

Se você disser: "Esse programa custa R$ 600 mil ao ano."

O cliente vai comparar com:

- O orçamento disponível,
- O custo de outras soluções mais baratas,
- Ou até mesmo com o preço de um software por funcionário.

Agora veja a diferença se você disser antes:

"Empresas como a sua, com altos índices de turnover e absenteísmo, têm perdas diretas da ordem de R$ 300 a R$ 500 milhões por ano. Nosso programa custa uma fração disso, e busca justamente atacar essas causas."

"Nosso investimento anual: R$ 600 mil."

O mesmo número. Mas ancorado na dor certa.

Resultado: reação emocional e racional completamente diferente.

Ancorar com valor, não com preço

O erro de muitos vendedores é usar produtos concorrentes como âncora.

"Custa um pouco mais que a solução X, mas entrega mais."

"Somos mais baratos que Y."

Isso é perigoso. Você está dando ao concorrente o papel de referência estratégica da sua solução. **Já pensou sobre isso?**

A ancoragem ideal é aquela que se baseia em:

1. Custo do problema não resolvido (dor do cliente)
2. Impacto do seu serviço na linha de receita ou despesa
3. *Benchmark* realista e aspiracional (cases de referência com resultados mensuráveis)

Como aplicar a ancoragem na proposta comercial?

1. Traga números antes do preço: quanto custa o problema, quanto custa não agir, quanto custa manter a situação atual.
2. Apresente o valor percebido em camadas: retorno, impacto, diferencial competitivo.
3. Deixe o preço como "a consequência natural" da proposta.
4. Evite frases como "só", "apenas" ou "desculpe pelo valor" — elas minam a autoridade da proposta.

Outra forma de ancoragem que tenho me deparado muito, pois recebo essas questões de clientes da minha empresa, é sobre cobrar um sinal, uma entrada antes do início da entrega. Sua empresa pode até não considerar isso necessário, mas estabelecer uma parcela inicial no momento da assinatura da proposta gera percepções e resultados positivos importantes.

Entre eles, destaco quatro:

1. Comprometimento mútuo – o cliente entende que o projeto já começou, o que eleva o senso de responsabilidade compartilhada e reduz desistências ou adiamentos.
2. Valorização percebida – quando há uma entrada, a proposta deixa de ser "mais uma entre tantas" e passa a ser uma decisão formalizada. Isso posiciona sua solução com mais autoridade e profissionalismo.
3. Ancoragem comportamental – ao investir logo no início, o cliente cria um vínculo psicológico com o resultado. Ele tende a se engajar mais, colaborar melhor e valorizar o processo.
4. Sua empresa iniciará os preparativos, investimentos, contratações, logística e os demais itens requeridos para fazer o início das operações, com o próprio valor do projeto. E isso, financeiramente, é muito desejado.

Por outro lado, se sua empresa não precisa realmente e o cliente precisa distribuir o *budget* ao longo do contrato para poder fechar, você poderá negociar e prescindir disso, gerando uma sensação de ganho para o cliente. Esse tipo de ancoragem acaba sendo mais um item à mesa de negociação que facilita e dá opções viáveis para ganhar o negócio.

Ancoragem é influência ética

A ancoragem é uma técnica baseada na Teoria do Nudge[3], e quando usada com ética, não manipula e orienta a tomada de decisão com base em contexto e consciência.

No método **SHIFT®**, ancorar é parte do processo de influência estratégica e humana. Não vendemos pressionando, vendemos posicionando valor real diante de dores reais.

Se você não ancora, será ancorado.

Por isso, toda proposta que pretende ser relevante precisa antes enquadrar o problema, projetar o impacto da solução, e posicionar o investimento como consequência lógica e não como o centro da conversa.

A proposta ideal é aquela que o cliente lê com a cabeça, sente com o bolso e decide com convicção.

- "Lê com a cabeça" – Racionalidade, entendimento lógico da proposta.
- "Sente com o bolso" – Percepção financeira, custo/benefício, impacto econômico.
- "Decide com convicção" – Segurança, clareza, fechamento sem arrependimento.

Veja que mesmo antes de apresentar a integração dos três pilares do **SHIFT®**, já há uma integração natural, mas pouco percebida pela maioria dos profissionais.

Voltando ao **BATNA** e **ZOPA**

Como usar na prática?

1. Prepare o seu BATNA antes de qualquer reunião
   - Antes de negociar, pergunte: "Se esse cliente não fechar, o que eu tenho como alternativa?"
   - Ter outros *leads* qualificados no pipeline, oportunidades em *follow-up* ou possibilidade de manter a operação sem aquela venda são formas de fortalecer seu BATNA.

---

[3] **THALER, Richard H.; SUNSTEIN, Cass R.** *Nudge: improving decisions about health, wealth, and happiness.* New Haven: Yale University Press, 2008.

Quanto mais robusto for seu BATNA, mais autonomia e poder de negociação você terá.

2. Identifique ou crie a ZOPA

- Durante a conversa, investigue os interesses reais e os limites da outra parte. Se perceber que há uma sobreposição de interesses, você identificou a ZOPA.
- Construa propostas dentro desse espaço e aumente o valor percebido com critérios objetivos.
- Ou mesmo amplie o ZOPA, se conseguir trazer elementos que aumentem o valor de sua proposta.

Por que um BATNA forte = poder de negociação?

Porque negociação não é apenas sobre o que se quer, **mas sobre o quanto se precisa**.

E quanto menos você precisa daquilo, mais força você tem para conduzir com estratégia, paciência e integridade.

Essa não é uma verdade absoluta da vida? Reflita sobre isso. Lembre-se de um dito popular muito comum: dinheiro chama dinheiro. Consegue perceber a semelhança? Você negocia muito melhor porque não precisa.

Ter um BATNA forte elimina o desespero. Transforma o "cliente salvador do trimestre" em mais uma oportunidade, valiosa, mas não única.

No desenho acima é possível notar **o ZOPA expandido**, isso quer dizer que o cliente considera ir além do que havia previsto em função do valor que sua solução está entregando para ele. Lembra do que falei acima? Que elementos podem figurar na sua proposta que aumenta o valor percebido dela?

Um pipeline forte se traduz em um BATNA forte. No entanto, não posso falar sobre isso sem abordar também: TAM (*Total Addressable Market*

– Mercado Total Endereçável), SAM (*Serviceable Available Market*) e SOM (*Serviceable Obtainable Market*).[4]

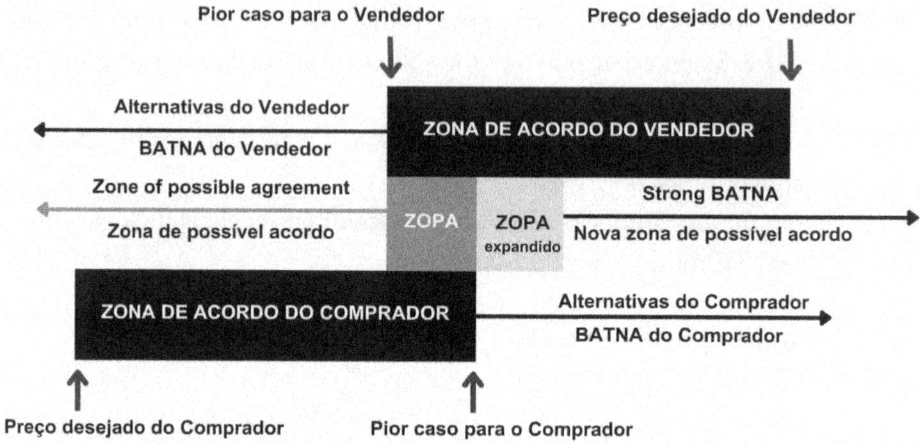

Figura 6 – Versão desastrosa vs versão consultiva.
Fonte: A representação visual foi adaptada e redesenhada por Alexandre Chiacchio, com base nos conceitos originais apresentados em *Como chegar ao sim* (FISHER; URY; PATTON, 2005).

O que o Pipeline Também tem a ver com Isso?

Mas uma vez, tudo.

Já vimos muitas coisas até aqui e, fica muito claro que ser um profissional de vendas está cada vez mais complexo. O triste é ouvir, ainda hoje, algumas pessoas falando mal de vendas, como se fosse algo simplório que não necessita de estudo ou de preparo. Nota-se que quem pensa dessa forma, conhece muito pouco sobre o nosso mundo. Espero que essas pessoas também possam ler este livro, pelo menos essa parte inicial, talvez, apenas talvez, ela mude de opinião.

Mas antes de seguirmos com BATNA e ZOPA, vamos dar mais uma pausa, desta vez para um aprofundamento sobre TAM, SAM e SOM.

---

[4] Os conceitos de *Total Addressable Market* (TAM), *Serviceable Available Market* (SAM) e *Serviceable Obtainable Market* (SOM) foram consolidados por autores como BLANK, Steve; DORF, Bob. *Manual do empreendedor: o guia passo a passo para criar uma grande empresa*. São Paulo: Alta Books, 2014; MOORE, Geoffrey A. *Crossing the chasm: marketing and selling high-tech products to mainstream customers*. New York: HarperBusiness, 1991; e RIES, Eric. *The lean startup: how today's entrepreneurs use continuous innovation to create radically successful businesses*. New York: Crown Publishing Group, 2011.

TAM, SAM e SOM no contexto do SHIFT®: Como conhecer o mercado fortalece sua estratégia

O que é TAM? TAM vem do inglês *Total Addressable Market*, que significa Mercado Total Endereçável.

O conceito de TAM (*Total Addressable Market*) é, sem dúvida, um dos mais citados (e mal interpretados) nas reuniões estratégicas. Mas no contexto do **SHIFT®**, ele não pode ser tratado de forma isolada. Na prática, o que vejo é uma obsessão pelo número grande. É quase um fetiche de mercado: olhar para o total endereçável como se ele fosse, por si só, garantia de sucesso.

O TAM é volume, é horizonte, é amplitude. Representa o tamanho total do problema que sua solução pode resolver, considerando um cenário teórico onde todas as barreiras comerciais, geográficas, regulatórias e comportamentais fossem removidas. Só que aqui entra o primeiro grande ponto de reflexão: TAM não fecha contrato.

O que fecha é o que podemos acessar e conquistar de forma realista. Por isso, o **SHIFT®** traz uma provocação essencial: não se iluda com o TAM se você não for capaz de traduzir isso em SAM e SOM.

SAM: Onde a Estratégia Começa a Ficar Séria

O SAM (*Serviceable Available Market*) é a primeira depuração inteligente do TAM. É onde começamos a colocar lupa naquilo que realmente está ao alcance da nossa solução. No **SHIFT®**, SAM não é apenas um recorte geográfico ou setorial. Ele é o resultado de um processo de segmentação com base em:

- Fit de solução.
- Maturidade de compra.
- Momento de mercado.
- Barreiras técnicas ou culturais.
- Capacidade de atendimento operacional.

Deixo um alerta, porque vejo isso se repetir exaustivamente no mercado: muitos vendedores estão tentando atacar o TAM com discurso de SAM, mas com capacidade operacional de SOM.

Aproveito para compartilhar com você a Parte 1 do *Framework* de Vendas B2B de Alta Performance: o *Business Self-Mapping*.

Essa etapa é fundamental para que a organização avalie seu nível de prontidão, identifique suas capacidades e reconheça eventuais limitações para atuar com eficiência no mercado B2B. Só a partir desse diagnóstico é possível definir, com mais precisão, o seu SOM (*Serviceable Obtainable Market*).

Em breve, essa ferramenta estará disponível como um app gratuito, permitindo que qualquer organização realize sua própria autoavaliação de forma prática. Caso tenha interesse, mantenha contato e terei o prazer de avisá-lo assim que estiver disponível.[5]

SOM: Onde o Plano Comercial Ganha Coragem ou Desmorona

O SOM (*Serviceable Obtainable Market*) é a porção de mercado que você, com o time, os recursos, o posicionamento e o *budget* que tem hoje, pode de fato capturar. É o mercado que o seu pipeline consegue alcançar com densidade e com taxa de conversão realista.

No **SHIFT**®, o SOM é o chão da fábrica. É o número que o diretor comercial pode cobrar. É a projeção que o vendedor pode perseguir sem virar refém de metas surreais baseadas em PowerPoint de planejamento.

TAM, SAM, SOM e o impacto no BATNA

Agora conecte os pontos: quanto maior for o seu TAM, maior o seu campo de potencial. Quanto mais preciso for o seu SAM, mais foco você terá em segmentos de maior tração. E quanto mais consistente for o seu trabalho sobre o SOM, mais forte será o seu BATNA (*Best Alternative to a Negotiated Agreement*).

Por quê? Porque um vendedor com pipeline concentrado apenas em três oportunidades em um universo de mil empresas está vulnerável. Já um vendedor que tem 20 negociações abertas, em um universo de 200 contas bem segmentadas, com histórico de conversão validado, negocia com muito mais poder.

Volume sem foco é ilusão. Foco sem volume é escassez. A combinação dos dois, com método, é o que o **SHIFT**® defende.

Negociar com poder passa, necessariamente, por saber onde você realmente pode jogar. E mais do que isso: jogar onde pode ganhar, com consistência, método e inteligência comercial.

---

5 Framework de Vendas B2B de Alta Performance, de autoria de CHIACCHIO, Alexandre. Material interno, [2024].

Falar de TAM, SAM e SOM virou quase uma obrigatoriedade em reuniões de planejamento, apresentações para investidores ou análises de *Go-to-Market*. Mas o que poucos sabem e não aplicam corretamente, é que esses conceitos não nasceram como ferramentas de PowerPoint. Eles evoluíram ao longo de décadas, acompanhando a maturação das estratégias de entrada de mercado e o avanço da inteligência comercial nas empresas.

TAM – O sonho grande: quando a ambição não tinha limites

O termo TAM (*Total Addressable Market*) ganhou popularidade nos anos 1990 com o crescimento das startups de tecnologia no Vale do Silício e a pressão dos fundos de *venture capital* por dimensionamentos agressivos de mercado. Geoffrey Moore, no clássico "*Crossing the Chasm*[6]" (Atravessando o Abismo – 1991), foi um dos primeiros a mostrar a importância de mapear o tamanho total da oportunidade antes de tentar escalar uma solução.

Por trás da ideia de TAM estava um princípio simples:

Se tudo desse certo, até onde esse negócio poderia chegar?

O problema? A maioria das empresas passou a usar o TAM como se fosse o próprio mercado disponível. E é aí que começou o primeiro grande erro estratégico: tomar o universo teórico como se fosse a realidade operacional.

SAM – O Primeiro corte de realidade: O mercado onde eu posso competir de verdade

Com o passar dos anos, especialistas de marketing estratégico, como Philip Kotler[7] e consultorias como BCG e McKinsey, começaram a fazer um alerta: não adianta olhar para o tamanho do oceano se o seu barco não consegue sair da praia.

Surge então o conceito de SAM (*Serviceable Available Market*), o primeiro recorte sério de realidade.

---

6 **MOORE, Geoffrey** A. *Crossing the chasm: marketing and selling high-tech products to mainstream customers*. New York: HarperBusiness, 1991.

7 **KOTLER, Philip**. *Administração de marketing*. 14. ed. São Paulo: Pearson, 2018.

Agora a pergunta passa a ser:

Dentro do TAM, qual é a parcela que eu consigo atender com minha estrutura, meu produto e meu posicionamento atual?

O SAM traz a consciência de que geografia, maturidade do cliente, infraestrutura de atendimento e até barreiras regulatórias delimitam o verdadeiro campo de jogo.

SOM – O choque operacional: O que eu consigo conquistar de fato com o time e *budget* que tenho?

Com o avanço das metodologias de *Go-to-Market*, principalmente nos anos 2000, e com a popularização de *frameworks* de execução ágil como *Lean Startup* (Eric Ries, 2011),[8] o mercado entendeu que só o SAM ainda era insuficiente para o planejamento comercial. Era preciso um terceiro nível de realismo: o SOM (*Serviceable Obtainable Market*).

A pergunta muda mais uma vez:

Dessa fatia que consigo atender, quanto eu realmente posso capturar no curto e médio prazo, com os recursos que tenho disponíveis hoje? Lembra do *Framework* de Vendas B2B de Alta Performance? É aqui que entra o *Business Self-mapping (em breve disponível gratuitamente)* que mede o nível de prontidão de uma organização para atuar no mercado de vendas B2B.

O SOM é o número que deveria constar no pipeline de previsão realista. É o limite operacional daquilo que é comercialmente viável agora.

O papel do **SHIFT**® na reinterpretação dos três conceitos

No método **SHIFT**®, a análise de TAM, SAM e SOM funciona como uma ferramenta de proteção estratégica contra o amadorismo comercial.

TAM define o horizonte. SAM define o território onde você pode competir com dignidade. SOM define o volume que você tem obrigação de entregar com os recursos que possui.

---

8 **RIES, Eric**. *The lean startup: how today's entrepreneurs use continuous innovation to create radically successful businesses*. New York: Crown Publishing Group, 2011.

E mais: o entendimento correto desses três níveis é o que fortalece o seu BATNA, organiza o seu funil e impede que o time comercial negocie com desespero.

Quem vende para "todo mundo", na prática, não vende para ninguém. Quem entende TAM, SAM e SOM, vende melhor. Vende com **SHIFT®.**

Preparar o TAM, SAM e SOM com consistência é muito mais do que fazer a segmentação de clientes. Podemos batizar esta importante etapa do planejamento estratégico comercial de **curadoria de clientes potenciais.**

Por que tudo isso? Relembrando, quanto mais forte for seu BATNA, mais poder de negociação você tem.

Voltando ao BATNA e ZOPA para conectar tudo

Quem conhece o mercado inteiro, negocia melhor com qualquer parte dele.

Um BATNA forte é sustentado por um pipeline saudável e por uma abordagem estratégica do mercado:

Pipeline:

- Se você tem poucos *leads* qualificados, qualquer negociação vira uma questão de vida ou morte.
- Se você tem um pipeline ativo e bem distribuído, você negocia com mais tranquilidade e eficácia.

TAM, SAM e SOM:

- Ter clareza do seu mercado real ajuda a entender o tamanho das oportunidades.
- Quanto mais bem mapeado for seu SAM e SOM, mais alternativas podem se transformar em pipeline e consequentemente em BATNA.

Exemplo prático:

Imagine que você está negociando com um hospital de grande porte, mas o cliente quer um desconto de 30%.

Se essa for sua única proposta no jogo, você pode ceder por medo de perder.

Mas se você tem 5 outras propostas em fase final e conhece seu SOM, você pode dizer com segurança:

> Entendo sua necessidade de orçamento. Podemos pensar juntos em um escopo mais enxuto, mas manter a proposta em parâmetros que garantam a entrega no nível de qualidade que nos propomos.

> Resultado: você mantém margem, autoridade e foco no valor, não no preço. Negociar com método não é só sobre técnicas, é sobre preparação.

> BATNA é preparo. ZOPA é leitura. Pipeline é sustentação. E tudo isso junto é poder.

Quem domina esses elementos não apenas fecha mais negócios, fecha melhores negócios, com mais respeito, rentabilidade e reputação.

Vamos analisar mais duas situações de aplicação a seguir, uma pelo lado ruim e outra com método.

Caso 1 – Exemplo de má aplicação: A negociação com base em confronto (o clássico "quem grita mais"). Pense se já não viu algo assim.

Cenário: Uma empresa de tecnologia está negociando com um hospital privado a venda de uma solução de gestão de pacientes, com valor de R$ 1,2 milhão.

Conversa real (posição x posição):

- **Cliente:** "Precisamos de pelo menos 25% de desconto para avançar."
- **Vendedor:** "Não tem como. Nosso preço é esse. A gente já está com a margem no limite."
- **Cliente:** "Se não der desconto, vou fechar com o concorrente. Eles já nos ofereceram um preço melhor."
- **Vendedor:** "Então, boa sorte. Quando perceberem que o barato sai caro, vocês voltam."
- **Resultado:** Ruptura da negociação. Perda do cliente. Ressentimento futuro. Esse é um contato que este profissional não acessa mais, nesta organização ou para onde ele for.

Erros cometidos:

- Não separou as pessoas do problema (levou para o pessoal).
- Focou apenas nas posições (preço), ignorando os interesses reais (orçamento e qualidade).
- Não criou opções de ganho mútuo (poderia sugerir um projeto-piloto ou escopo reduzido).
- Não utilizou critérios objetivos (poderia ter apresentado ROI, comparativos ou *benchmarks*).
- Falta total de *framing* e ancoragem.

Não considerou o próprio BATNA ou o ZOPA.

"A gente já está com a margem no limite." Quantas vezes disse ou ouviu essa mesma frase? Eu mesmo já disse algumas vezes antes de atuar com método. É quase instintivo responder dessa forma.

Em negociações, não dá para se deixar levar pela emoção, tem que ser estratégico, ter método e um objetivo claramente desenhado em sua mente. Conquistar o cliente, o negócio.

Após todo esforço para prospectar, inúmeras reuniões, elaboração e apresentação de proposta, deixar escorrer pelas mãos dessa forma, por emoção, não me parece um caminho lógico, não acha?

Caso 2 – Exemplo de boa aplicação: A negociação estratégica com base nos princípios Harvard + **SHIFT®**.

Cenário: Mesma situação: venda de uma solução de gestão de pacientes, valor de R$ 1,2 milhão.

Condução baseada no método SHIFT® e Harvard

Separar pessoas do problema:

- Vendedor: "Entendo totalmente a preocupação de vocês com orçamento. Nosso objetivo aqui é garantir que o projeto caiba dentro da realidade de vocês, sem comprometer a qualidade."

Foco nos interesses:

- Vendedor: "Me ajuda a entender: o principal desafio é o orçamento do ano fiscal atual ou a aprovação interna? O que realmente está limitando essa decisão?"
- Cliente: "Na verdade, temos um teto de R$ 900 mil por projeto neste semestre, por restrição orçamentária."

Criar opções de ganho mútuo:

- Vendedor: "Ok, temos algumas alternativas possíveis:
- Podemos iniciar com um escopo menor, priorizando os módulos mais críticos para vocês.
- Outra opção é dividir o projeto em duas fases: uma execução agora, outra no próximo exercício fiscal.
- Ou ainda: podemos trabalhar um modelo de financiamento com pagamento estendido."

Insistir em critérios objetivos:

- Vendedor: "Para te ajudar na defesa interna da proposta, posso te enviar um estudo de ROI que mostra que clientes similares ao seu recuperaram o investimento em menos de 9 meses. Além disso, temos *benchmarks* de redução de tempo de atendimento e aumento de taxa de ocupação."

Resultado:

- Cliente aprovou a primeira fase (R$ 850 mil).
- Fechamento da segunda fase seis meses depois.
- Relacionamento fortalecido.

Antes de retrucar com veemência as objeções ou posições do cliente, busque entender, pense em soluções criativas, busque construir soluções que atendam os interesses do cliente e mantenham as margens do seu negócio, reduzir o escopo inicial, sugerir pilotos para partes do projeto, ampliar o prazo de pagamento, podem ser soluções viáveis para ambos.

Eu não entro em negociação para perder. Mas quem entra? Todos os que não se preparam para isso. Mesmo não tendo consciência disso, estão entrando para perder.

Até aqui vimos as aplicações de forma isolada de um diagnóstico bem-feito (SPIN) e a negociação conduzida com inteligência e empatia (Harvard), resta um desafio: **ajudar o cliente a decidir**.

É o que veremos no próximo capítulo.

CAPÍTULO 4

NUDGE: INFLUÊNCIA ÉTICA BASEADA EM CIÊNCIA COMPORTAMENTAL

Após diagnosticar com profundidade (SPIN) e construir um acordo sustentável (Harvard), surge um obstáculo comum nas vendas B2B: **a inércia do cliente.**

Ele está convencido, concorda com a proposta, vê valor, mas não decide.

Esse momento exige mais do que lógica ou argumentos. Requer entendimento de como o ser humano decide na prática.

É aqui que entra a **Teoria do Nudge**, de **Richard Thaler** e **Cass Sunstein**[1], vencedores do Prêmio Nobel de Economia. Seu foco? Criar ambientes de decisão que incentivem boas escolhas **sem manipulação, sem imposição.**

O que é um Nudge?

Em tradução livre, Nudge significa "empurrão suave".

É qualquer elemento do ambiente de decisão que influencia o comportamento das pessoas de forma previsível, mas preservando a liberdade de escolha.

> **"Um Nudge é qualquer aspecto da arquitetura de escolha que altera o comportamento das pessoas sem proibir nenhuma opção ou alterar significativamente os incentivos econômicos."** – Thaler & Sunstein, 2008

---

1 **THALER, Richard H.; SUNSTEIN, Cass R.** *Nudge: improving decisions about health, wealth, and happiness.* New Haven: Yale University Press, 2008.

Princípios-chave do Nudge

Princípio	Aplicação em vendas
Arquitetura de escolhas	Destacar visualmente a opção mais vantajosa
Heurísticas mentais	Usar prova social, escassez, ancoragem
Feedback positivo	Mostrar progresso e reforçar boas decisões
Opção padrão (default)	Pré-selecionar a melhor alternativa
*Priming**	Usar frases, imagens ou contextos que ativem decisões favoráveis

Figura 7 – Princípios-chave do Nudge.

Fonte: Criada pelo autor, com base na Teoria do Nudge desenvolvida por Richard H. Thaler e Cass R. Sunstein.

A tradução mais apropriada de *priming* para o português, no contexto psicológico e comportamental, é preparação mental ou preparação inconsciente. Dependendo do contexto, também pode ser traduzido como:

- Ativação prévia.
- Indução sutil.
- Preparo cognitivo.
- Estímulo antecipado.

Priming

Priming é um conceito da psicologia cognitiva e comportamental que descreve como estímulos sutis e prévios influenciam como uma pessoa percebe e reage a informações posteriores.

No contexto de vendas, *priming* é a arte de preparar a mente do cliente antes de fazer um pedido, apresentar uma proposta ou negociar uma condição.

É como semear antes de colher.

Como funciona?

Ao utilizar *priming*, você apresenta ideias, palavras, imagens ou experiências que ativam determinadas associações mentais no seu interlocutor, influenciando como ele interpreta o que virá a seguir mesmo que inconscientemente.

O *priming* não manipula. Ele organiza o contexto mental.

Exemplo simples: Se, antes de mostrar sua proposta, você menciona “resultados alcançados por empresas líderes do setor”, a tendência é o cliente interpretar sua oferta dentro desse mesmo enquadramento de excelência.

Aplicações práticas de *priming* em vendas B2B

1. Antes da reunião, envie um case de sucesso curto. O cliente entra na conversa com a expectativa de resultado, não de preço.
2. Use palavras que conectem com o posicionamento que você quer assumir. Exemplos: estratégico, confiável, validado, robusto, sustentável.
3. Inicie apresentações destacando tendências e riscos. Isso ativa a mentalidade de urgência e inovação, preparando o terreno para a solução.
4. Construa sua narrativa com marcos positivos. Em vez de começar com "problemas", comece com "potenciais desperdiçados".

Por que isso importa no método **SHIFT®**?

O *priming* é uma ferramenta sutil e poderosa. É o primeiro passo da influência.

Ao aplicar *priming*:

- Você evita objeções que nem foram expressas ainda.
- Eleva o valor percebido da proposta antes de falar em números.
- Reforça sua autoridade sem precisar dizer que é autoridade.

Priming é sobre influenciar o julgamento sem pressionar a decisão, mesmo muito antes dele acontecer.

Priming x Pitch

O vendedor que "solta um *pitch*" sem antes preparar o terreno corre o risco de parecer invasivo, genérico ou irrelevante.

Já o profissional que usa *priming* sabe que o contexto molda a mensagem. Ele cuida da jornada mental do cliente e não apenas da sua própria fala.

Se você quer vender soluções de alto valor, precisa aprender a plantar a ideia antes de colher a decisão.

Priming é o ensaio da decisão final.

E no teatro da negociação, quem ensaia com o cliente, influência sem pressionar.

Após essa breve explicação sobre o *priming*, de volta ao Nudge.

Nudges aplicáveis à venda consultiva

1. Pacotes de solução

Apresente três versões: básico, essencial e premium.

Visualmente destaque a opção "Essencial".

Pode ser ainda por:

- Estrutura por nível de maturidade da empresa (ou da operação). Operação Tática, Operação Otimizada e Operação Expandida.
- Estrutura por grau de envolvimento e profundidade da solução. Essencial Operacional, Parceria Estratégica e Solução Integrada.
- Estrutura baseada em modelo de governança e suporte. Autonomia Guiada, Co-execução Dirigida e Implantação Dirigida

Nudge aplicado: arquitetura de escolha com sugestão implícita.

2. Proposta comercial com *framing* positivo

Significados e aplicações do *framing*[2]:

Comunicação e Psicologia:

- É o "enquadramento" mental ou "moldura cognitiva" de uma mensagem.
- Exemplo: Dizer "90% de sucesso" em vez de "10% de falha" — a informação é a mesma, mas o impacto emocional é diferente.

Ou ainda, exemplos clássicos:

- "Essa carne tem 80% de carne magra" soa melhor do que "Essa carne tem 20% de gordura" (mesmo sendo a mesma informação).
- "Você tem 90% de chance de sobreviver" é mais reconfortante que "Você tem 10% de chance de morrer".

Marketing e vendas:

- Envolve como se posiciona uma proposta ou produto para torná-lo mais atraente.
- Exemplo: Apresentar um curso como "investimento para sua carreira" em vez de "despesa de R$ 2.000".

Negociações:

- É a arte de moldar a conversa para seu benefício, influenciando a percepção da outra parte sobre valor, urgência ou risco.

---

2 O conceito de *framing*, ou enquadramento, foi originalmente desenvolvido por Amos Tversky e Daniel Kahneman, no âmbito da Teoria da Perspectiva, que demonstrou como diferentes formas de apresentar uma mesma informação podem influenciar decisões e julgamentos. Ver: **TVERSKY, Amos; KAHNEMAN, Daniel**. *The framing of decisions and the psychology of choice*. *Science*, v. 211, n. 4481, p. 453–458, 1981.

- Exemplo: Ao vender um serviço, você pode "enquadrar" a proposta como uma solução para um problema urgente, e não apenas como mais uma despesa.

Política e mídia:

- Utilizado para moldar a opinião pública através da forma como notícias são contadas.
- Exemplo: Um protesto pode ser descrito como "manifestação popular legítima" ou "ato de vandalismo", dependendo da intenção de quem notícia.

Resumo rápido:

- *Framing* = enquadramento estratégico da informação.
- Impacta emoções, julgamentos e decisões.
- Muito usado em vendas consultivas, comunicação persuasiva, mídia e publicidade.

Framing = Como você diz é tão importante quanto o que você diz.

Continuando, mostre o valor gerado ("economia de R$ 120 mil/ano") antes do investimento.

Use depoimentos e selos de confiança.

Nudges aplicados: *framing*, prova social e ancoragem.

3. *Follow-up* inteligente

Envie lembretes com mensagens como:

- ***Framing* de consistência (autoridade do próprio processo decisório):** "Na nossa experiência com conselhos e diretorias, as decisões mais acertadas foram tomadas entre o diagnóstico e o 10º dia da proposta. Estamos dentro desse prazo."
- ***Framing* de racionalidade Estratégica:** "A janela atual ainda oferece as condições mais alinhadas ao seu cenário mapeado. Após essa fase, novos fatores podem interferir no plano de retorno sobre investimento que estimamos juntos."
- ***Framing* de *benchmarking* de becisão:** "Empresas do seu porte com estrutura semelhante tomam geralmente a decisão entre o 2º e o 3º comitê de avaliação. Já estamos nessa curva — posso apoiar com dados complementares?"

- ***Framing* de custo de oportunidade:** "A não decisão também gera impacto. Neste momento, o que está em risco é a oportunidade de acelerar [X indicador mapeado], o que já vimos que tem relação direta com [meta estratégica da empresa]."
- ***Framing* de validação técnica:** "O plano proposto foi validado com base em critérios técnicos definidos por vocês. Minha função agora é garantir que a decisão final preserve esse nível de coerência."

Nudges aplicados: pressão social, escassez controlada

Ética na influência: o que diferencia um Nudge da manipulação?

Um Nudge ético:

- Respeita a liberdade de escolha
- Melhora a clareza da decisão
- Estimula o cliente a fazer o que já é de seu interesse

Um Nudge antiético:

- Oculta informações
- Apela para culpa ou medo
- Remove opções ou força decisões

O bom vendedor não encurrala. Ele clareia.

Estudo de caso – proposta de treinamento corporativo

Cenário: Consultoria propõe um programa de desenvolvimento em liderança. O RH do cliente quer melhorar clima organizacional e retenção.

Aplicação de Nudges:

- Imagem no início da proposta com a frase: "Líderes que inspiram retêm os melhores talentos."
- Depoimento de empresa similar que reduziu turnover em 22%
- Pacote "Essencial" já pré-selecionado
- Proposta com prazo de validade

Resultado esperado: O cliente avança para aprovação sem necessidade de novas reuniões.

Ferramentas para influenciar com ética

Checklist de influência ética: estou ajudando o cliente a decidir com clareza?

- Modelos visuais de arquitetura de escolha.

- Templates de e-mails com Nudges sutis.
- Banco de frases para WhatsApp e apresentações.

Exercício: identificando nudges

Você vai enviar uma proposta. Quais itens a seguir são Nudges éticos?

- Mostrar uma imagem de pessoas felizes usando o produto.
- Sugerir uma data limite com bônus.
- Ocultar taxas extras e só as mostrar no contrato.
- Deixar a melhor opção marcada por padrão.
- Incluir depoimentos de clientes do mesmo setor.

Respostas corretas: 1, 2, 4, 5 (**Item 3 é manipulação e quebra de confiança.**) Simplório, mas incessantemente utilizado em negociações.

Ao aplicar Nudges de forma transparente, você **facilita a escolha do cliente** sem pressionar. E isso, em vendas complexas, pode ser o fator decisivo.

A seguir, dois exemplos de uso da teoria do Nudge: um negativo e um positivo. Ambos servem para orientar a lógica de aplicação do conceito.

Caso positivo – Aplicação profissional de Nudge em uma negociação B2B (**SHIFT**® + Harvard + Nudge)

Cenário: Negociação para implantação de uma solução de *Analytics e Business Intelligence* em uma rede de hospitais privados.

Valor do contrato: R$ 1,2 milhão (implantação + licença anual)

Stakeholders envolvidos: CFO, Diretor de Operações e Gerente de TI.

Após várias reuniões e apresentação da proposta, o CFO sinaliza que estão avaliando outras opções e que a decisão pode ficar para o próximo trimestre.

Abordagem do consultor de vendas (Aplicação de Nudge com profissionalismo)

1. **Separação da pessoa e do problema (Princípio Harvard):** "Entendo totalmente a complexidade de uma decisão desse porte, considerando especialmente as demandas orçamentárias que vocês estão gerenciando."
2. **Reenquadramento por impacto (Framing + Nudge):** "Mas antes que essa decisão se estenda muito, queria trazer um dado que pode ajudar na reflexão: só com os *gaps* de performance que mapeamos juntos nas áreas de faturamento e autorização de procedimentos, a projeção é

de uma perda anual entre R$ 8 e R$ 12 milhões. São números validados e extraídos das próprias bases de vocês."

3. **Redução de barreira à decisão (Opção segura):** "Por isso, nossa sugestão é iniciarmos com um módulo piloto focado apenas na área de autorizações, com entrega em 60 dias. Isso permitiria comprovar o impacto real antes de um *rollout* completo, reduzindo o risco de investimento."
4. **Prova social executiva (Normas sociais):** "Em nossa base de clientes, temos alguns casos semelhantes, como o de dois hospitais que enfrentavam desafios como o de vocês. Eles optaram por seguir esse mesmo modelo de implantação por fases. Em ambos os casos, o ROI superou 18% no primeiro semestre pós-implantação."
5. **Criação de senso de *timing* sem apelar para urgência artificial (Escassez ética):** "Sabemos que projetos como esse exigem validação interna cuidadosa, por isso estamos totalmente abertos ao seu processo de decisão. Só gostaria de sinalizar um ponto importante: nossa agenda de implantação costuma ter uma fila de 30 a 60 dias. Se houver interesse em avançar, mesmo que a decisão final ainda leve mais alguns dias, podemos provisionar uma pré-reserva de agenda para garantir que, quando for o momento certo, vocês não tenham que esperar mais tempo do que o desejado."

Resultado:

- O CFO levou a proposta ao comitê com o novo *framing* de risco versus impacto.
- A aprovação veio em duas etapas: primeiro o piloto, depois a expansão para outras áreas.
- Margem preservada, relacionamento fortalecido, cliente confiante.

Lições de boa prática:

- Não houve pressão.
- Não houve manipulação emocional barata.
- O vendedor usou dados concretos, reforço social executivo, *framing* orientado a impacto e uma saída de baixo risco para facilitar a decisão.
- Aplicou os princípios de Harvard, SPIN e Nudge de forma integrada.

Olhando agora pelo lado negativo.

Caso negativo – O que não fazer: exemplo de mau uso da negociação em B2B (Anti-**SHIFT**®)

Cenário: Mesma situação: Venda de uma solução de *Analytics e Business Intelligence* para a mesma rede de hospitais privados.

Valor da proposta: R$ 1,2 milhão.

Após algumas conversas com o cliente, o CFO sinaliza que está avaliando outras opções e que a decisão será ser postergada.

Abordagem do vendedor mal preparado:

1. **Pressão emocional precoce (Violando o princípio de Harvard: Separar as pessoas do problema):** "Olha, se vocês não fecharem agora, não sei se vamos conseguir manter essa condição. Nosso diretor está me cobrando um fechamento até sexta..."
2. **Ancoragem malfeita (Sem contexto de valor, apenas comparando com concorrentes):** "Estamos até mais baratos que o sistema X que vocês estão olhando, então sinceramente, não entendo porque a decisão ainda não foi tomada..."
3. **Desvalorização da proposta com concessões precoces:** "Se for questão de preço, posso ver com meu gerente uma condição especial, talvez um desconto de 10%, mas só se fecharmos até amanhã."
4. **Tentativa de urgência artificial (Escassez forçada e nada ética):** "Tem outro hospital também interessado, e talvez a gente precise priorizar eles se vocês demorarem muito."
5. **Argumento raso e genérico (Sem *framing*, sem dados, sem foco no problema do cliente):** "Olha, nossa solução é a mais moderna do mercado. É a que mais vende hoje. Não tem por que vocês ficarem enrolando."

Resultado provável:

- O CFO fica desconfortável com a pressão.
- A confiança é abalada.
- A percepção de valor é destruída (o foco virou preço e urgência, não solução).
- Cliente adia a decisão ou fecha com outro fornecedor que o trate com mais profissionalismo.

Principais erros cometidos pelo vendedor:

- Foco em desconto precoce e sem provocação de valor percebido.
- Tentativa de criar urgência sem fundamento real (escassez artificial).
- Falta de diagnóstico aprofundado sobre o real interesse e as barreiras do cliente.
- Pressão emocional (quando o cliente ainda não estava pronto para decidir).
- Comparação com concorrentes em vez de ancoragem por impacto.
- Discurso infantilizado, baseado em "promoção" e "oportunidade do momento".

Nudges	Caso Positivo (SHIFT®)	Caso negativo (anti-SHIFT®)
Diagnóstico	Presente e aprofundado	Praticamente inexistente
Framing	Focado em impacto e ROI real	Focado em preço e urgência artificial
Prova social	Executiva e relevante	Genérica e sem dados
Proposta de ação	Opção de baixo risco (piloto)	Pressão para fechar rápido
Ancoragem	Baseada em valor percebido	Baseada em concorrência e desconto
Respeito ao cliente	Total, com foco em construção conjunta	Baixo, com abordagem infantilizada e agressiva

Figura 8 – Nudges positivos vs negativos.

Fonte: elaborada pelo autor, com base em **THALER, Richard H.; SUNSTEIN, Cass** R. *Nudge: improving decisions about health, wealth, and happiness*. New Haven: Yale University Press, 2008.

Se buscar pela memória, com certeza, na sua trajetória, é provável que tenha se deparado com algo parecido com isso. Ou mesmo que você tenha protagonizado isso, assim como eu, em algum momento da minha carreira. Me sinto constrangido de ter atuado desta forma, obviamente, agora, olhando para trás. Naquele momento era isso, ponto final. Eu era um super negociador, achava que era, pelo menos. Perdi várias negociações por culpa do mercado, da concorrência, da política, de crises globais, da empresa, do produto, nunca por minha culpa. Não é isso?

Nos próximos capítulos, você verá como integrar SPIN, Harvard e Nudge em um **processo único, contínuo e altamente eficaz**.

CAPÍTULO 5

A INTEGRAÇÃO – O MÉTODO SHIFT®

Chegamos a um ponto de virada importante neste livro.

Até aqui, caminhamos juntos por cada pilar que compõe o método **SHIFT®**: exploramos a escuta inteligente e investigativa do SPIN Selling, navegamos pela construção ética e colaborativa da Negociação de Harvard e entendemos como os princípios da Economia Comportamental e da Teoria do Nudge podem ser aplicados, com responsabilidade, para facilitar decisões de forma ética e orientada ao cliente.

Mas dominar cada um desses pilares de forma isolada, embora poderoso, já não é o suficiente.

O verdadeiro impacto do **SHIFT®** não está apenas na técnica, está na criação de algo novo a partir dessa integração.

É como olhar para três peças valiosas de um quebra-cabeça: cada uma carrega força e significado individualmente, mas só quando encaixadas corretamente revelam a imagem completa.

Essa integração é o que transforma o vendedor de um mero executor de etapas em um verdadeiro arquiteto de valor.

> A partir deste capítulo, o **SHIFT®** deixa de ser um conjunto de conceitos e passa a configurar uma jornada lógica, estruturada e sequencial, em que cada método representa uma fase que alimenta a próxima com inteligência, dados e intenção estratégica.

Por que Isso Importa?

Porque, como já vimos, o mundo das vendas B2B mudou. O cliente moderno não decide por impulso, tampouco por insistência. Ele decide por clareza.

O comprador atual está sobrecarregado de opções, mas faminto por segurança nas suas escolhas. Não há mais espaço para amadorismo comercial.

O método **SHIFT®** surge, então, como o caminho para reduzir atritos, encurtar ciclos, elevar a percepção de valor e criar decisões de compra baseadas não na pressão, mas na confiança.

Este capítulo é um convite para você enxergar as vendas como uma linha contínua de construção de valor, e não como um conjunto de ações soltas.

Para entender que cada pergunta que você faz no diagnóstico (SPIN) serve como base para a negociação (Harvard), que por sua vez precisa ser cuidadosamente enquadrada para facilitar a decisão final (Nudge). Para perceber que um bom vendedor **SHIFT®** é, na verdade, um condutor de jornadas de decisão, um estrategista de relações comerciais de longo prazo.

A partir daqui, não falaremos mais apenas de técnicas. Falaremos de fluxos. De transições inteligentes. De como cada conversa, cada proposta, cada *follow-up* se conectam como partes de um grande movimento de influência ética e consultiva. Agora é o momento de amarrar tudo. De transformar teoria em processo. Ferramentas em prática. Método em resultado.

É aqui que o **SHIFT®** deixa de ser um conjunto de ideias e passa a ser uma forma de atuar no mundo real das vendas complexas.

Nos capítulos anteriores, exploramos os três pilares centrais do método S.H.I.F.T.®:

- **SPIN Selling**, com seu poder de diagnóstico consultivo;
- **Negociação de Harvard**, com sua lógica colaborativa e orientada a valor;
- **Teoria do Nudge**, com sua abordagem de influência ética e comportamental.

As três fases do modelo **SHIFT®**

A metodologia foi estruturada em **três fases sequenciais**, cada uma com foco, ações e ferramentas específicas:

1. Diagnóstico profundo (SPIN)

- **Objetivo:** entender o cenário, as dores e as aspirações do cliente com profundidade.

Ações principais:

- Conduzir uma entrevista consultiva com perguntas SPIN.
- Mapear os *stakeholders* envolvidos e suas percepções.
- Coletar dados, sentimentos e expectativas.

Ferramentas:

- Roteiro SPIN adaptado ao segmento.
- Matriz de dores e impactos.
- Diagrama de *stakeholders*.

2. Co-construção do acordo (Harvard)

- **Objetivo:** transformar os achados do diagnóstico em uma proposta colaborativa, justa e sustentável.

Ações principais:

- Explorar os **interesses reais** por trás das posições declaradas pelo cliente.
- Criar **opções de ganho mútuo** que maximizem valor para ambos os lados.
- Definir **critérios objetivos** para avaliação da proposta, como *benchmarks*, métricas de ROI ou indicadores técnicos.

Ferramentas:

- Mapa de interesses e posições.
- Roteiro de preparação para negociação Harvard.
- Quadro de critérios objetivos para sustentação de valor.
- BATNA forte e conhecimento do ZOPA.

3. Influência ética na decisão (Nudge)

- **Objetivo:** facilitar a tomada de decisão do cliente, reduzindo fricções e aumentando a clareza.

Ações principais:

- Estruturar a **arquitetura de escolha** da proposta: opções, destaques visuais, clareza na narrativa.
- Utilizar **provas sociais, ancoragens e estímulos comportamentais** que reforcem a segurança da decisão.
- Manter a **ética como princípio central** da influência.

Ferramentas:

- Template visual da proposta com estrutura de decisão.
- Banco de Nudges aplicáveis a e-mails, apresentações e reuniões.
- Checklist de influência ética.

Como as fases se conectam?

O grande diferencial do **SHIFT®** não está apenas nos métodos, mas na **forma como eles se articulam como um processo contínuo**, conduzido com empatia, lógica e ciência.

Veja o fluxo abaixo:

1. Diagnóstico (SPIN)
   → revela necessidades e contextos.
   ↓
2. Co-construção do acordo (Harvard)
   → converte necessidades em soluções de valor mútuo.
   ↓
3. Influência ética (Nudge)
   → facilita a decisão do cliente e promove avanço.

Cada fase entrega insumos para a próxima.

O vendedor consultivo, ao dominar esse ciclo, deixa de ser um "barganhador" e passa a ser um **acelerador de decisões inteligentes**.

Exemplo Completo – Venda de Solução de Gestão para Hospitais

Fase 1 – Diagnóstico (SPIN):

- Situação: sistemas fragmentados entre setores.
- Problema: retrabalho e perda de dados.
- Implicação: atrasos em diagnósticos e aumento de custos operacionais.
- Necessidade: centralização dos dados clínicos.

Fase 2 – Co-construção (Harvard):

- Interesse do hospital: padronização e segurança clínica.
- Interesse da fornecedora: fidelização em contrato de 24 meses.
- Opção de valor mútuo: piloto em 2 setores + escalonamento progressivo.
- Critério objetivo: redução de retrabalho em 30% nos primeiros 90 dias.

Fase 3 – Influência ética (Nudge):

- Apresentação com destaque visual para o plano de médio prazo.
- Depoimentos de 2 hospitais similares na mesma região.
- *Follow-up* com gráfico de impacto estimado em custos.
- Proposta válida até o fim do mês, com bônus de *onboarding* sem ônus.

O Diferencial do Modelo SHIFT®

Ao chegar a este ponto da leitura, talvez você já tenha feito uma pergunta importante: "Se eu dominar bem o SPIN, a Negociação Harvard e o Nudge de forma separada, já não basta?"

A resposta curta é: não.

E a resposta longa é: não basta porque a realidade das vendas B2B não é linear. É sistêmica, dinâmica e cheia de interdependências invisíveis.

Característica	Modelos tradicionais	SHIFT®
Foco	Produto e pressão	Cliente e transformação
Diagnóstico	Superficial	Estruturado e empático (SPIN)
Negociação	Barganha de preços	Co-criação baseada em interesses
Influência	Manipulação ou insistência	Ciência comportamental e ética
Resultado	Venda pontual	Parceria de longo prazo

Figura 9 – Modelos tradicionais x **SHIFT®**.

Fonte: Tabela elaborada pelo autor. Comparação entre abordagens tradicionais de vendas e o método **SHIFT®**, com base nos pilares de foco, diagnóstico, negociação, influência e resultado. O método **SHIFT®** integra metodologias como SPIN Selling, Negociação de Harvard projeto e princípios da ciência comportamental aplicada a vendas B2B complexas.

A maior armadilha para quem estuda vendas de forma modular é cair na ilusão de que o cliente vai passar, de forma previsível e disciplinada, por cada fase como num trilho de trem.

Na prática, o cliente vai e volta. Avança, recua. Muda o interlocutor. Altera prioridades no meio do processo. Faz perguntas de negociação antes mesmo de você diagnosticar a real dor. Ou então: pede preço antes de entender o valor.

E é exatamente aí que o método **SHIFT®** faz a diferença.

Um profissional **SHIFT®** maduro não vê as fases como blocos isolados. Ele reconhece os sinais de transição invisíveis no meio da conversa.

Percebe quando o cliente traz uma objeção emocional (momento de separar as pessoas do problema).

Nota quando precisa voltar ao SPIN, porque uma nova necessidade apareceu.

Sabe que pode precisar reforçar um Nudge, mesmo estando no meio de uma negociação tática.

E principalmente: entende que cada e-mail, reunião ou *follow-up* pode ter componentes das três fases ao mesmo tempo.

SHIFT®, na prática é fluidez com estrutura. É improviso com método. É sensibilidade com disciplina.

Outro ponto crucial: o **SHIFT®** é também um antídoto contra o maior inimigo das vendas modernas: o comportamento reativo.

Muitos vendedores hoje só reagem. Reagem a um pedido de desconto. Reagem a um e-mail do cliente. Reagem a uma nova concorrência.

O profissional **SHIFT®** faz o contrário: conduz a jornada com intenção.

Ele provoca reflexão no cliente. Ele antecipa objeções antes que virem barreiras. Ele posiciona o valor antes que o preço seja questionado.

Essa capacidade de antecipação estratégica só acontece quando há real integração dos três pilares.

Por isso, a partir do próximo capítulo, o convite é mais profundo: Não estude apenas as fases.

Comece a treinar a sua leitura dinâmica de contexto, a sua capacidade de navegar entre diagnóstico, negociação e influência em tempo real.

O **SHIFT®** não é sobre seguir uma sequência. É sobre pensar como um arquiteto de valor em ambientes de alta complexidade.

Porque, no final, a pergunta que define o profissional consultivo não é: Que técnica eu vou usar agora?

Mas sim: Qual movimento integrado eu preciso fazer para ajudar meu cliente a decidir com segurança e confiança?

Este é o verdadeiro **SHIFT®**: uma mudança de mentalidade. Uma nova inteligência comercial.

Uma forma superior de construir valor.

Ao aplicar o modelo completo, o vendedor consultivo assume um papel raro e valioso no mercado: **Alguém que compreende, constrói e conduz com propósito.**

> **"Não é sobre vender mais. É sobre vender melhor, com mais impacto e menos atrito."** – Alexandre Chiacchio

Com os fundamentos integrados, agora podemos ver como o **SHIFT®** atua em diferentes setores e tipos de clientes.

No próximo capítulo, entraremos nos **casos reais de aplicação por segmento e estratégia**.

CAPÍTULO 6

APLICAÇÕES REAIS: CASOS, SETORES E ESTRATÉGIAS

Nenhuma metodologia é verdadeiramente útil se não puder ser adaptada à realidade do campo.

É por isso que, neste capítulo, mostramos como o **SHIFT®** funciona na prática, em diferentes setores e tipos de cliente.

Cada setor tem suas dinâmicas, seu ciclo de vendas, sua linguagem.

A força do **SHIFT®** está justamente em ser **modular e flexível**, permitindo que a essência seja mantida enquanto o estilo se adapta ao ambiente.

1. Tecnologia / SaaS (Software como Serviço)

Desafios típicos:

- Ciclos longos e múltiplos decisores (TI, financeiro, operação).
- Concorrência intensa e foco exagerado em funcionalidades.
- Objeções relacionadas a preço e integração.

Aplicação do SHIFT®:

- **SPIN:** explorar impacto de retrabalho, lentidão e perda de dados.
- **Harvard:** negociar contrato com cláusulas de performance e revisão anual.
- **Nudge:** destacar prova social (cases de empresas similares), uso de plano pré-selecionado e estímulo à experimentação (demo, piloto gratuito).

Caso do setor de tecnologia

Contexto: a LogTrans, uma transportadora nacional com operações em 12 estados, enfrenta problemas de controle de frota, atraso nas entregas e falhas de comunicação entre os centros operacionais.

O vendedor da TechFleet (empresa fornecedora de soluções SaaS para gestão logística) busca vender uma plataforma integrada de gestão de operações.

Fase 1 – Diagnóstico consultivo (SPIN)

Vendedor (Ana – Executiva SHIFT®): "Sr. Marcos, antes de falarmos de qualquer solução, posso entender melhor como vocês estão gerenciando hoje o fluxo de informações entre os centros de distribuição?"

Cliente (Marcos – Gerente de operações): "Hoje usamos planilhas e alguns sistemas legados. Não é o ideal, mas é o que temos."

Ana (Pergunta de problema): "E como tem sido o impacto disso na previsibilidade das entregas?"

Marcos: "Bem... temos tido atrasos. Nos últimos três meses, o índice de pontualidade caiu para 78%, quando nossa meta era 90%."

Ana (Pergunta de implicação): "Imagino que esses atrasos certamente geram custos adicionais ou insatisfação de clientes?"

Marcos: "Sim. Alguns contratos com clientes-chave já tiveram cláusulas de multa aplicadas. E a equipe comercial está pressionada, porque a operação não está entregando."

Ana (Pergunta de necessidade de solução – *Need-Payoff*): "Entendi, então o desafio é encontrar uma solução que permita ter uma visibilidade em tempo real de cada etapa do processo logístico, emitindo alerta automático e fazendo o replanejamento dinâmico. Se pudessem adquirir algo assim, como imaginariam o impacto para o time e para os resultados?"

Marcos: "Seria um divisor de águas. Nos ajudaria a reduzir o retrabalho, ganhar agilidade e melhorar a satisfação dos clientes."

Fase 2 – Negociação baseada em princípios (Harvard)

Alguns dias depois – Reunião com Marcos (Operações), Juliana (TI) e Roberto (Financeiro):

Roberto (Financeiro): "Gostamos da solução, mas o valor da mensalidade está acima do orçamento previsto. Podemos negociar?"

Ana (Separando as pessoas do problema): "Claro, entendo a preocupação com o orçamento. Se me permitirem, posso explorar um pouco mais os objetivos que vocês querem alcançar para garantir que estamos falando da mesma entrega de valor?"

Juliana (TI): "Nosso foco é a integração com os sistemas atuais. Não podemos ter uma solução que crie mais um silo."

Ana (Foco em interesses, não em posições): "Perfeito. Então o real interesse é melhorar a integração e manter a previsibilidade de custos."

Marcos: "Exato."

Ana (Criando opções de ganho mútuo): "Então, o que acham se pudermos trabalhar com um modelo progressivo: iniciamos com a integração dos dois centros de distribuição mais críticos, com acompanhamento de performance e, conforme os resultados forem comprovados, escalamos para o restante da operação. Além disso, podemos atrelar parte da remuneração da licença a metas de melhoria de SLA."

Roberto: "Isso nos dá mais segurança. Gostei."

Ana (Insistindo em critérios objetivos): "E para que fique transparente, trago aqui *benchmarks* de outras transportadoras que implementaram a mesma solução. Em média, elas tiveram uma redução de 28% nos atrasos logísticos e um aumento de 35% na acuracidade das previsões de entrega, nos primeiros seis meses. Além disso, compartilho com vocês um case detalhado de uma empresa com perfil operacional muito semelhante ao de vocês."

Juliana (TI): "Esses dados ajudam bastante... dá mais confiança para seguir."

Marcos (Operações): "Essa implantação por etapas faz sentido pra gente. E com os indicadores de SLA vinculados, conseguimos justificar o investimento internamente."

Roberto (Financeiro): "Minha única preocupação agora é o fluxo de pagamento. Vocês têm alguma flexibilidade nisso?"

Ana (Criando um Nudge ético para estimular o fechamento sem pressão artificial): "Claro, Roberto. Temos trabalhado com algumas condições de implantação faseada justamente para acomodar cenários como o de vocês. Uma das possibilidades é iniciar com um cronograma financeiro progressivo, que acompanha as etapas de entrega e os marcos do projeto. Inclusive, como estamos ainda dentro do período de fechamento deste trimestre, conseguimos estruturar isso de forma que a primeira parcela seja vinculada ao *kick-off* técnico. Se vocês acharem adequado, posso formalizar essa condição na minuta para avaliação de vocês."

Marcos: "Ok, vamos seguir."

Juliana: "Pode formalizar a proposta revisada."

Roberto: "Fechado por mim."

Fase 3 – Influência ética na decisão (Nudge) – *Follow-up* pós-reunião:

No mesmo dia, Ana envia um e-mail personalizado com:

- Um resumo executivo da proposta com os ajustes discutidos.
- Gráfico comparativo de resultados antes e depois da implantação em empresas similares.
- Depoimento de um cliente do mesmo segmento.
- *Timeline* sugerida de implantação.
- Além disso, Ana agenda uma *call* de 30 minutos para esclarecer dúvidas finais, reforçando o compromisso com a entrega de valor desde o primeiro dia.

Resultado:

- Negociação fechada com cláusulas de performance, cronograma faseado e aprovação do *board* da LogTrans.
- O cliente teve engajamento alto desde o início do projeto, com menor resistência nas etapas de *rollout*.
- Conversão mais rápida ao envolver todos os decisores com argumentos específicos, sustentados por critérios objetivos e cases de referência.

Principais aprendizados deste caso:

- Diagnóstico bem-feito = menos objeções depois.
- Negociação Harvard = segurança para o cliente e margem preservada.
- Nudge ético = estímulo à decisão sem pressão artificial.
- Integração de SPIN + Harvard + Nudge = venda consultiva com impacto real.

Este é o **SHIFT®** funcionando no mundo real.

2. Educação Corporativa / Treinamentos

Desafios típicos:

- Intangibilidade do serviço.
- Ceticismo quanto ao impacto real.

- Pouca clareza sobre os critérios de sucesso.

Aplicação do SHIFT®:

- **SPIN:** investigar histórico de treinamentos, metas de RH e dificuldades de retenção.
- **Harvard:** co-construir plano com entregas mensais e indicadores claros.
- **Nudge:** mostrar progresso em visualizações, depoimentos e metas atingidas com outros clientes.

Caso do Setor de educação corporativa

Contexto: A NutriFoods, uma empresa nacional de médio porte do setor alimentício, está enfrentando alta rotatividade entre supervisores e coordenadores de produção. O RH percebeu que parte do problema decorre de lacunas em liderança, comunicação e gestão de pessoas, mas existe ceticismo interno quanto ao real impacto de treinamentos anteriores.

Fase 1 – Diagnóstico consultivo (SPIN)

Vendedora (Patrícia – Consultora SHIFT®): "Fernanda, antes de falarmos sobre qualquer solução, queria entender um pouco melhor o histórico de vocês com ações de desenvolvimento de liderança. Vocês têm investido em programas nessa linha nos últimos anos?"

Fernanda (Gerente de RH da NutriFoods): "Temos, sim. Já contratamos algumas consultorias para treinamentos pontuais. Fizemos workshops de comunicação, gestão de pessoas, mas, sinceramente, os resultados práticos foram limitados."

Patrícia (Pergunta de situação): "E hoje, como vocês acompanham os indicadores relacionados à liderança? Têm alguma métrica de turnover, clima ou engajamento específicos para esses líderes?"

Fernanda: "Monitoramos o turnover e aplicamos uma pesquisa de clima anual. Nos últimos 12 meses, o turnover entre supervisores está em 28%, bem acima do aceitável."

Patrícia (Pergunta de problema): "Esse índice de rotatividade entre líderes é recente ou já vem sendo uma tendência?"

Fernanda: "Já vem acontecendo há pelo menos dois anos. E o problema é que isso afeta a equipe de base, aumenta os custos de contratação e impacta a produção."

Patrícia (Pergunta de implicação): "Entendo. E quando vocês perdem um supervisor, qual costuma ser o efeito imediato nas linhas de produção?"

Fernanda: "Desorganização total. As equipes ficam desmotivadas, a produção cai, e o índice de não-conformidades aumenta. Fora o custo de recrutar e treinar alguém novo."

Patrícia (Aprofundando a implicação): "E como isso tem refletido nos resultados de negócio? Já mapearam os impactos diretos em metas de produtividade ou em contratos com clientes?"

Fernanda: "Sim. Tivemos dois meses seguidos com perda de produtividade. Inclusive o comercial teve que renegociar prazos de entrega com alguns clientes importantes."

Patrícia (*Need-Payoff* – Pergunta de necessidade de solução): "É realmente uma situação complexa. É preciso estruturar um programa que desenvolva as lideranças de forma mais prática e contínua, com foco em aplicação no dia a dia e com indicadores de melhoria mensuráveis. É isso, certo? Como veria o impacto de algo assim para a operação e para o RH?"

Fernanda: "Seria uma virada de chave. Poderia reduzir o turnover, melhoraria o clima e aliviaria a pressão sobre a produção. E, sinceramente, nos ajudaria muito a reforçar a imagem do RH como parceiro estratégico, não só operacional."

Patrícia (Síntese para fechamento da fase de diagnóstico): "Perfeito, Fernanda. Então, os pontos-chave que você me trouxe foram: alto turnover de liderança, impacto direto na produtividade e na satisfação de clientes, e a necessidade de um programa com aplicação prática e indicadores claros de evolução. Faz sentido seguirmos para uma proposta que enderece exatamente esses pontos?"

Fernanda: "Faz total sentido."

Fase 2 – Negociação baseada em princípios (Harvard)

(Reunião com Fernanda – RH, Roberto – CFO, e André – Diretor Industrial)

Roberto (CFO): "Fernanda me trouxe o contexto. Achei o programa interessante, mas o investimento proposto ultrapassa o orçamento de desenvolvimento previsto para este semestre. Como podemos ajustar isso?"

Patrícia (Separando as pessoas do problema): "Perfeito, Roberto. Primeiro, quero reforçar que entendo totalmente as questões de orçamento. Nosso objetivo aqui não é forçar uma decisão, mas construir juntos uma solução que realmente faça sentido para vocês. Posso explorar um pouco melhor os resultados esperados, só para garantir que estamos alinhados?"

André (Diretor industrial): "Claro. Para mim, o que mais importa é resolver o problema da liderança no chão de fábrica. Já tivemos retrabalho e até perda de cliente por causa de atrasos nas entregas."

Patrícia (Foco nos interesses, não nas posições): "Então, estamos falando de três interesses centrais aqui:

- Reduzir o turnover.
- Melhorar a capacidade de liderança dos supervisores.
- Fazer isso dentro de um fluxo de caixa viável. Certo?"

Roberto: "Exatamente."

Patrícia (Criando opções de ganho mútuo): "Uma alternativa que já funcionou bem com outras indústrias que enfrentavam situação parecida foi estruturar o programa em dois ciclos de entrega. Primeiro ciclo: Formação essencial em liderança, com foco em comunicação, gestão de conflitos e produtividade. Segundo ciclo: Após avaliação dos primeiros indicadores, avançamos para temas como engajamento de equipe e gestão de resultados. Além disso, podemos flexibilizar o fluxo de pagamento: 50% na assinatura e o restante em três parcelas mensais, vinculadas aos marcos de entrega."

André: "Gostei dessa abordagem faseada. Isso nos dá mais segurança para acompanhar os resultados antes de seguir com a segunda etapa."

Roberto (Financeiro): "Essa divisão por ciclos também nos ajuda no fluxo. Se conseguirmos incluir uma cláusula de performance mínima antes de avançar para o segundo ciclo, acho que podemos viabilizar."

Patrícia (Insistindo em critérios objetivos): "Perfeito. Podemos estabelecer como critério a redução de turnover em pelo menos 10% nos próximos 6 meses e a melhoria de pelo menos 15 pontos no índice de clima interno nas áreas envolvidas. Além disso, entregaremos relatórios mensais de evolução com indicadores comportamentais observáveis."

Fernanda: "Com esse acompanhamento por fases e os indicadores claros, fica muito mais fácil justificar internamente."

Fase 3 – Influência ética (Nudge)

Após a reunião, Patrícia envia um e-mail com os seguintes elementos:

- ***One-pager* visual com o cronograma de entregas**: datas dos módulos, checkpoints mensais e KPIs associados a cada fase.

- **Gráfico de impacto financeiro:** estimando a economia gerada com a redução projetada de turnover.
- **Depoimento de um cliente do mesmo setor**: destacando os resultados de um programa semelhante (com números de redução de turnover e melhoria de clima).
- **Sugestão de próximos passos:** "Podemos formalizar a primeira etapa com assinatura até o dia 28, garantindo a reserva da equipe de facilitadores para início já no próximo mês."

Resultado: A empresa aprovou o **Primeiro ciclo (Fase essencial de liderança)**, com compromisso de revisar os indicadores após 90 dias para avançar para o ciclo seguinte.

Engajamento do RH com relatórios contínuos e percepção clara de ROI. Projeto evolui para contrato anual.

3. Engenharia e Infraestrutura

Desafios típicos:

- Longos processos licitatórios e técnicos.
- Decisores técnicos + decisores políticos/financeiros.
- Altíssimo valor envolvido e risco de judicialização.

Aplicação do SHIFT®:

- **SPIN:** mapear dores operacionais e gargalos técnicos atuais.
- **Harvard:** uso intensivo de critérios objetivos (normas técnicas, comparativos, garantias).
- **Nudge:** apresentação com layout técnico + visual, estudos de viabilidade e etapas com riscos controlados.

Resultado: Projeto fechado com termo de referência validado em coautoria e cronograma modular para mitigar riscos contratuais.

Caso engenharia e infraestrutura

Contexto: A RodoviaSul, concessionária responsável pela manutenção de 700 km de rodovias, está enfrentando pressões de órgãos reguladores devido ao aumento de incidentes causados por falhas estruturais não detectadas em tempo. A empresa busca uma solução tecnológica para monitoramento de pontes e viadutos, visando antecipar riscos e melhorar o compliance regulatório.

A empresa fornecedora é a InfraSense, especializada em soluções de sensoriamento remoto e análise preditiva para grandes obras de infraestrutura.

Fase 1 – Diagnóstico consultivo (SPIN)

(Reunião inicial com Eduardo – Diretor de Engenharia, Lívia – Jurídico e Maurício – CFO)

Vendedor (Carlos – Executivo SHIFT®): "Eduardo, antes de apresentarmos qualquer proposta, quero entender melhor a real dimensão dos desafios que vocês estão enfrentando. Poderia compartilhar como estão hoje os processos de inspeção e manutenção das estruturas críticas da malha rodoviária?"

Eduardo (Engenharia): "Atualmente, temos equipes de campo fazendo vistorias visuais trimestrais, com apoio de laudos esporádicos de consultorias externas. Mas é um processo manual, sujeito a erro humano e com alto custo."

Carlos (Pergunta de problema): "E como isso tem impactado a gestão de riscos e a previsibilidade de manutenção?"

Eduardo: "Nos últimos dois anos, tivemos três incidentes com interdições emergenciais. Em dois casos, a ANTT aplicou notificações que podem gerar multas. Além disso, o Ministério Público abriu um procedimento de investigação para apurar suposta negligência."

Carlos (Pergunta de implicação): "Além do impacto financeiro direto, há riscos relacionados à imagem institucional ou à concessão?"

Lívia (Jurídico): "Com certeza. Já fomos citados em dois processos civis e estamos na mira da imprensa local. Precisamos urgentemente de um sistema que nos ajude a documentar e antecipar problemas."

Carlos (*Need-Payoff* – Foco na solução): "Antecipação é chave. Vocês precisam de uma solução com sensores instalados nas principais estruturas, com geração de relatórios técnicos com base em dados de vibração, deslocamento e variação de carga, certo? Isso ajudaria muito na gestão de risco e para a tomada de decisão junto aos órgãos de controle. Está correto?"

Maurício (CFO): "Sim, com certeza. Reduziríamos os riscos jurídicos, ganharíamos previsibilidade de orçamento de manutenção e teríamos argumentos técnicos mais fortes junto à ANTT."

Fase 2 – Negociação baseada em princípios (Harvard)

(Reunião de *follow-up* com o mesmo grupo, além de João – Assessor Técnico da ANTT que está acompanhando a negociação como parte interessada na solução)

Maurício (CFO): "O investimento inicial ficou bem acima do orçamento que tínhamos previsto para esse ano. Acho que não conseguiremos seguir desta forma. Existe alguma flexibilidade?"

Carlos (Separando as pessoas do problema): "Entendo totalmente a preocupação, Maurício. Antes de falarmos de valores em si, gostaria de revisar com vocês os objetivos centrais que estamos buscando atender. Assim conseguimos garantir que qualquer ajuste preserve os resultados esperados."

Eduardo (Engenharia): "Do ponto de vista técnico, nossa prioridade é reduzir a exposição a riscos estruturais e garantir previsibilidade nas intervenções."

Lívia (Jurídico): "E para o jurídico, precisamos de documentação técnica sólida, com rastreabilidade de todas as medições, para nos proteger de futuras ações."

João (ANTT – Assessor técnico): "Do lado regulatório, o que a agência precisa é um cronograma de mitigação com entregas parciais claras. Se a concessionária apresentar isso, conseguimos reduzir a pressão imediata."

Carlos (Foco em interesses, não em posições): "Perfeito. Então temos aqui três interesses centrais: segurança operacional, segurança jurídica e atendimento regulatório."

Carlos (Criando opções de ganho mútuo): "Uma possibilidade que podemos discutir é estruturar o projeto com um **modelo de risco compartilhado**. Funciona assim: nós iniciamos o fornecimento e instalação dos sensores em todas as 35 estruturas conforme o escopo técnico original, mas com dois ajustes importantes:

1. **Pagamento condicionado a entregas comprovadas de valor:** Dividimos o pagamento em três marcos vinculados a indicadores técnicos mensuráveis — como taxa de detecção de anomalias, nível de precisão dos relatórios ou cumprimento de SLAs de envio de dados.
2. **Cláusula de performance vinculada:** Se os indicadores de desempenho operacional da plataforma superarem os *benchmarks* mínimos definidos (posso compartilhar os números médios do setor), podemos prever um bônus de performance no segundo semestre. Por outro lado, caso não alcancemos os índices acordados, podemos aplicar um desconto retroativo na segunda parcela."

Maurício (CFO): "Isso ajuda a proteger o nosso orçamento e ainda cria um incentivo para a performance de vocês."

Lívia (Jurídico): "E juridicamente, como vocês documentariam essa vinculação?"

Carlos: "Podemos anexar ao contrato uma tabela de SLAs de performance técnica, com os critérios objetivos de medição — por exemplo: frequência de alertas, tempo de resposta do suporte e acurácia das medições comparadas com inspeções manuais."

João (ANTT): "Se o cronograma for assim estruturado e a documentação atender os requisitos técnicos mínimos exigidos pela agência, isso nos dá condições de validar o projeto para o plano de mitigação de riscos."

Eduardo (Engenharia): "Gostei dessa abordagem. Isso cria uma corresponsabilidade clara."

Carlos (Adicionando um Nudge ético – facilitando o avanço sem forçar): "Posso preparar um *draft* dessa proposta com os marcos de desempenho e as condições de remuneração atreladas? Assim, vocês podem avaliar internamente antes de avançarmos."

Maurício: "Por favor, envie. Esse formato nos dá mais segurança para seguir."

Resultado: Projeto aprovado para início da Fase 1, com desembolso inicial diluído, cláusulas de preço protegido e cronograma técnico validado com a ANTT.

O que mudou?

Saímos de um modelo "Fase 1 → Fase 2" e entramos num **modelo de risco compartilhado, com pagamento atrelado à entrega de valor mensurável**, algo muito usado hoje em projetos B2B de infraestrutura e tecnologia.

4. Saúde / Farmacêutico / Clínicas

Desafios típicos:

- Regulação rígida, preocupação com ética.
- Baixo tempo disponível dos decisores (médicos, diretores clínicos).
- Alta responsabilidade envolvida nas decisões.

Aplicação do SHIFT®:

- **SPIN:** diagnosticar falhas de comunicação entre áreas, impacto na experiência do paciente, desafios de escalabilidade.
- **Harvard:** proposta baseada em melhoria de indicadores assistenciais (NPS, tempo de resposta, segurança).
- **Nudge:** visualização de impactos esperados, vídeo curto com depoimento de cliente semelhante e *follow-up* com dados objetivos.

Caso setor de saúde/farmacêutico/clínicas

Contexto: A RedeClin, um grupo com 12 unidades ambulatoriais em três estados, está enfrentando altas taxas de espera, baixa taxa de satisfação dos pacientes (NPS abaixo de 40) e retrabalho entre as áreas de agendamento, enfermagem e corpo clínico.

A fornecedora é a CareFlow Solutions, especializada em plataformas de gestão de jornada do paciente (desde o agendamento até o pós-consulta).

Fase 1 – Diagnóstico consultivo (SPIN)

(Reunião com Dra. Silvia – Diretora Clínica, Roberto – Coordenador de Atendimento, e Mariana – Gerente de Experiência do Paciente)

Vendedor (Leandro – Executivo SHIFT®): "Dra. Silvia, antes de entrarmos na apresentação da nossa solução, gostaria de entender como vocês têm medido hoje a experiência dos pacientes, principalmente em relação a tempo de espera e desdobramentos pós-consulta."

Dra. Silvia: "Temos uma pesquisa simples de satisfação por WhatsApp, mas com baixa taxa de resposta. Nosso NPS gira em torno de 38 a 40."

Leandro (Pergunta de problema): "E como essa baixa resposta e o NPS atual têm impactado a operação ou até mesmo o relacionamento com convênios e operadoras?"

Mariana (Experiência): "Já tivemos dois alertas da principal operadora de saúde que atende nossos pacientes. Eles apontaram insatisfação com o tempo médio de atendimento. Nosso prazo hoje está em 55 minutos entre a chegada do paciente e o início efetivo da consulta."

Leandro (Pergunta de implicação): "Além da questão de imagem com os convênios, isso tem gerado algum impacto financeiro? Alguma glosa, cancelamento ou descredenciamento em risco?"

Roberto (Atendimento): "Sim. Há uma ameaça real de perda de um dos nossos maiores contratos. E já tivemos redução de repasse em dois serviços por causa de reclamações de SLA."

Leandro (*Need-Payoff* – Foco na solução): "Se vocês conseguissem reduzir o tempo de espera para algo em torno de 30 minutos, além de aumentar o NPS para acima de 60, isso já geraria o impacto que precisam para a retenção de pacientes e para a relação com os convênios?"

Dra. Silvia: "Melhoraria muito a satisfação interna também. Hoje a equipe médica está desmotivada. Eles sentem que a desorganização impacta até o desempenho clínico."

Fase 2 – Negociação baseada em princípios (Harvard)

(Segunda reunião – agora com presença de Gustavo, Diretor Financeiro)

Gustavo (Financeiro): "Gostamos da proposta técnica, mas o custo de implementação inicial ainda está fora do nosso orçamento. Existe algum formato alternativo?"

Leandro (Separando as pessoas do problema): "Gustavo. A preocupação com o fluxo de caixa é legítima. Posso sugerir que revisemos juntos os objetivos principais que vocês querem atingir nos próximos 90 dias? Assim ajustamos a entrega de forma estratégica e tentamos alinhar para algo que seja viável."

Mariana (Experiência): "Nosso foco emergencial é o tempo de espera e a satisfação com o atendimento."

Leandro (Foco em interesses, não nas posições): "Perfeito. Então o interesse central agora é ganhar agilidade e melhorar os índices de satisfação, mesmo que a implantação completa fique para uma segunda etapa."

Leandro (Criando opções de ganho mútuo – fugindo da implantação escalonada tradicional): "Uma alternativa é iniciarmos com um modelo de *Quick Impact*, com funcionalidades críticas já liberadas para o time de atendimento e triagem, que são os gargalos principais segundo o diagnóstico. Isso permitiria gerar os primeiros resultados já no primeiro mês. O restante da solução pode entrar em fase 2, a partir do segundo semestre."

Gustavo: "E financeiramente?"

Leandro: "Estruturamos o contrato com uma entrada reduzida agora, diluindo o restante ao longo de 12 meses, com cláusula de reavaliação após os primeiros 60 dias, baseada nos KPIs de SLA e NPS."

Dra. Silvia: "Isso é viável operacionalmente?"

Leandro: "Sim. Inclusive, trouxe aqui um exemplo real de uma clínica em Belo Horizonte que fez esse mesmo modelo de *Quick Impact* conosco. Em 45 dias eles conseguiram reduzir o tempo médio de atendimento em 35%."

Gustavo: "Envie o case e o contrato revisado. Vamos avaliar internamente."

Fase 3 – Influência ética (Nudge)

1. Após a reunião: Leandro envia um vídeo curto (2 minutos) com o depoimento do gestor da clínica de Belo Horizonte, relatando a redução de tempo de atendimento.
2. No *follow-up* por e-mail: Inclui um gráfico de antes x depois, destacando o ganho de NPS.
3. Estratégia de *framing*: O e-mail final tem o título: "Como impactar pacientes e convênios em 60 dias – Plano de Implantação Rápida CareFlow".

Resultado: Após dois ciclos de validação interna, a RedeClin aprovou a proposta com o **modelo Quick Impact**. Em **60 dias**, os principais indicadores começaram a mostrar evolução:

- **Redução de 32% no tempo médio de espera** entre check-in e início da consulta.
- **Aumento de 22 pontos no NPS**, passando de 38 para 60.
- **Queda de 18% nas reclamações registradas pelos convênios** nos dois principais contratos.
- **Sinal verde da área financeira** para a expansão da solução para todas as unidades a partir do próximo trimestre.

Além disso, a RedeClin passou a utilizar os relatórios gerados pela plataforma como argumento em suas reuniões de renovação contratual com operadoras.

Leandro, como vendedor **SHIFT®**, manteve o acompanhamento próximo, reforçando os Nudges comportamentais durante o ciclo de implementação, o que aumentou a percepção de valor e facilitou a segunda etapa de venda (expansão para as demais unidades).

5. Serviços de Consultoria Estratégica

Desafios típicos:

- Intangibilidade e subjetividade da entrega.
- Concorrência informal ou de profissionais independentes.
- Medo de mudança interna por parte do cliente.

Aplicação do SHIFT®:

- **SPIN:** mapear objetivos estratégicos não atingidos e dores internas ignoradas.

- **Harvard:** construção conjunta do roadmap, com entregas e checkpoints claros.
- **Nudge:** destaque para visualizações comparativas (antes/depois), plano padrão e modelo de coautoria de soluções.

Caso consultoria estratégica

Contexto: O Grupo AlphaEdu é uma holding de educação com atuação nacional, responsável por 12 instituições de ensino superior e mais de 80 mil alunos ativos. Nos últimos dois anos, a organização enfrenta queda contínua nas matrículas, aumento do *churn* e perda de *market share* para concorrentes com modelos de captação digital mais agressivos.

O Conselho de Administração determinou que a diretoria deve buscar uma consultoria especializada para redesenhar a estratégia comercial. Mas o clima interno é de alta resistência:

- O VP de Operações teme que o diagnóstico exponha falhas de gestão.
- O Diretor Comercial sente-se ameaçado pela intervenção externa.
- A área de Marketing questiona se a consultoria tem competência técnica no segmento educacional.

A consultoria proponente é a TurnAround Solutions, especializada em transformação comercial em mercados educacionais.

Fase 1 – Diagnóstico consultivo (SPIN)

(Reunião de *kick-off* com o CEO, VP de Operações, Diretor Comercial, Diretora de Marketing e representante do Conselho)

Consultor SHIFT® (Alexandre): "Antes de apresentarmos qualquer proposta de trabalho, queremos entender o cenário sob a ótica desse comitê executivo. Podemos começar pela visão de vocês sobre o que está impedindo o crescimento das matrículas?"

CEO: "A pressão é enorme. O Conselho está exigindo recuperação de receita já para o próximo semestre. Mas internamente, não temos clareza de onde estão os gargalos."

VP de Operações: "Na minha visão, o problema é a execução nas pontas. Os polos não cumprem as metas locais."

Diretor Comercial: "Discordo. O problema é o funil de *leads*. O marketing não está gerando volume suficiente e, quando gera, poucos são qualificados."

Diretora de Marketing: "Desculpa, mas isso não é verdade. Fizemos campanhas recordes nos últimos meses. A taxa de conversão que caiu."

Alexandre (Pergunta de problema): "São percepções diferentes. Já tiveram algum esforço recente para mapear a jornada completa do aluno desde o primeiro contato até a matrícula?"

CEO: "Não de forma estruturada."

Alexandre (Pergunta de implicação): "Sem uma análise estruturada não teremos clareza sobre onde está(ão) a(s) oportunidade(s) para destravar o crescimento no volume de matrículas. Fica claro para vocês que as opiniões são válidas e podem dar alguma direção, mas não dão clareza sobre o que é realmente. E isso, na minha visão, tem sido o principal fator. A falta de clareza tem sido o principal ofensor das metas financeiras e dos indicadores de crescimento." Como estão muito comprometidos e, os vieses são distintos, seria muito produtivo contar com uma visão isenta sobre isso, não acham?

VP: "Estamos 18% abaixo da meta de captação. Se continuarmos assim, teremos que cortar orçamento de outras áreas. Vocês conseguiriam ao menos nos dar essa visão?"

Alexandre (*Need-Payoff* – Necessidade de solução): "Entendo, entrar em cortes os colocará numa espiral perigosa. Se conseguirmos entregar um diagnóstico que mostre, com evidências claras, onde estão os maiores vazamentos do funil e ainda cocriar com vocês um *roadmap* de correção, isso ajudaria a tomar decisões mais assertivas e rápidas com o Conselho?"

CEO: "Sem dúvida. Mas só se for algo objetivo, não queremos um relatório genérico."

Fase 2 – Negociação baseada em princípios (Harvard)
(Dois dias depois – Reunião de negociação com CEO, CFO e jurídico)

CFO: "Gostamos da abordagem, mas o valor total da proposta de R$ 480 mil para um ciclo de 6 meses não estava orçado. Temos uma reserva de contingência, mas precisamos justificar bem essa alocação para o Conselho."

Alexandre (Separando as pessoas do problema): "Entendo a pressão que estão sofrendo e os riscos associados a esta contração frente aos resultados esperados. Posso propor que revisitemos juntos os marcos de entrega e os critérios de sucesso para garantir alinhamento e viabilidade?"

Jurídico: "Nos preocupa também o risco de entregas subjetivas. Como podemos garantir mensurabilidade?"

Alexandre (Insistindo em critérios objetivos): "Podemos amarrar o contrato a três checkpoints formais: Entrega 1 – Mapa de Gaps e Diagnóstico Quantitativo (com base em dados de CRM e funil real); Entrega 2 - *Roadmap* Tático com KPIs de Conversão e Retenção; Entrega 3 – Plano de Execução por Funil e por Campus."

CEO: "Ok, mas o Conselho ainda vai olhar com desconfiança."

Alexandre (Criando opções de ganho mútuo): "Se for interessante, podemos incluir uma sessão específica de apresentação ao Conselho, com foco em riscos, impactos e cenários comparativos. Já fizemos isso em projetos para outros grupos educacionais similares, e posso compartilhar os cases com vocês, sem, contudo, expor os dados e nomes deles."

CFO: "E sobre o pagamento? Podemos diluir ao longo das fases?"

Alexandre: "Sim. Podemos estruturar a seguinte condição: 30% na assinatura. 30% após a entrega do diagnóstico. 40% ao final do projeto, condicionado à apresentação final ao Conselho."

Fase 3 – Influência ética na decisão (Nudge)

Dois dias depois, Alexandre envia um e-mail de *follow-up* com três Nudges claros:

1. Visualização Comparativa: Anexou um infográfico simples mostrando o "antes/depois" de um projeto similar (sem revelar o cliente por questões de NDA), evidenciando aumento de 25% na taxa de conversão após intervenção.
2. Prova Social: Incluiu um breve depoimento em vídeo de um CEO de outro grupo educacional, destacando a clareza dos entregáveis.
3. Redução de Fricção: Facilitou a aprovação criando um documento chamado "Justificativa Técnica para Alocação de Verba Extraordinária", que o CFO pôde anexar diretamente ao processo de aprovação no Conselho.

Resultado:

- Proposta aprovada em 15 dias.
- Diagnóstico entregue com antecedência.
- *Roadmap* validado em coautoria com o time interno.
- Redução de 28% no *churn* de *leads* no ciclo seguinte.

- O projeto gerou um convite para uma segunda etapa: implantação assistida por 12 meses.

O **SHIFT®**, mais uma vez, mostrou que a combinação entre diagnóstico profundo, negociação orientada a valor e influência ética pode transformar até os cenários mais politizados e complexos.

O SHIFT® é o caminho, não a garantia

Ao longo deste capítulo, percorremos diferentes cenários de aplicação do **SHIFT®** em setores como Tecnologia, Educação Corporativa, Engenharia, Saúde e Consultoria Estratégica. Todos os casos apresentados culminaram em negociações bem-sucedidas, não por um desejo de idealizar o método ou criar uma narrativa de "sucesso garantido", mas porque o propósito deste capítulo é justamente evidenciar o processo de raciocínio estratégico por trás de cada avanço, mostrando como a integração entre SPIN, Harvard e Nudge opera de forma fluida e conectada.

Se há algo que os leitores precisam levar daqui é que o foco central nunca foi o fechamento de contrato em si. O foco foi o processo: o diagnóstico consultivo que mergulha no contexto real do cliente; a negociação ética que transforma interesses divergentes em soluções de valor mútuo; e a influência comportamental aplicada de forma ética para reduzir fricções de decisão.

Seria ilusório, ou mesmo antiético, sugerir que o **SHIFT®** é uma fórmula mágica capaz de garantir 100% de sucesso comercial em todas as circunstâncias. O mundo das vendas B2B, especialmente em mercados complexos, é profundamente influenciado por fatores que estão fora do nosso controle direto: política interna dos clientes, agendas ocultas, interesses individuais de *stakeholders*, ciclos orçamentários inesperados, concorrência que mantém relações de amizade e confiança que já cultivou ao longo de anos.

Negociação envolve variáveis humanas, políticas e econômicas que nem sempre poderão ser controladas, mas o que o **SHIFT®** oferece, e isso é o principal objetivo, é um método que amplia exponencialmente a sua taxa de sucesso ao reduzir o espaço para amadorismo, improviso e decisões baseadas apenas em intuição.

Com o **SHIFT®**, mesmo quando o fechamento não acontece, você sai de cada negociação com aprendizados estruturados: mapeia interesses ocultos, identifica sinais precoces de resistência política, antecipa objeções que antes só surgiriam na fase final, ajusta sua narrativa e ganha musculatura emocional e estratégica para a próxima negociação.

Além disso, o método permite identificar, com antecedência, as contas onde o esforço de venda poderá ser inócuo, evitando desperdício de tempo e energia. **SHIFT®** também é sobre decidir onde não investir. E poucos pensam dessa forma. Eu sempre disse algo, que, mais ou menos, tem a ver com isso. Digo sempre que devemos buscar o "milhão que está mais perto". O foco é sempre esse. Concorda? Focar sempre no que está mais próximo e manter vivo o que ainda está mais longe.

Portanto, a verdadeira vitória com o **SHIFT®** não é fechar todas as vendas. É maximizar a taxa de sucesso de forma ética, previsível e inteligente. É saber por que ganhou, saber por que perdeu e, principalmente, saber como melhorar o seu desempenho na próxima oportunidade. Entender isso como processo de aprendizagem contínua, permitirá ter uma clareza sobre o todo como nunca imaginou. .

O que você tem em mãos agora não é um conjunto de teorias. É uma metodologia que, se aplicada com disciplina e adaptada ao contexto de cada cliente, transforma ciclos de venda, encurta tempo de decisão e aumenta margem de contribuição.

Negociar bem não é o mesmo que vencer sempre. Negociar bem é construir, aprender, influenciar com responsabilidade e deixar sempre a porta aberta para a próxima conversa.

Esse é o **SHIFT®** na prática.

Lições transversais

Apesar das diferenças de setor, **alguns padrões se repetem** nas aplicações mais bem-sucedidas do **SHIFT®:**

- O diagnóstico sempre precede a apresentação.
- A negociação é conduzida com transparência, não como jogo de força.
- A influência respeita a autonomia do cliente, mas reduz a complexidade da decisão.

"Quanto mais consultivo for o processo, menos resistência haverá no fechamento." Insight comum entre vendedores de alta performance.

Checklist: adaptando o SHIFT® ao seu setor:

1. Quem são os principais decisores e influenciadores?

2. Quais dores costumam ser ignoradas ou mal diagnosticadas?
3. Que critérios o cliente valoriza para justificar a compra?
4. Quais Nudges podem reduzir o medo ou hesitação na decisão?
5. Quais cases ou provas sociais são mais relevantes para seu público?

No próximo capítulo, vamos transformar a teoria em **ação estruturada**: você aprenderá como construir e aplicar um **Plano de Ação SHIFT®** no seu time ou na sua rotina de vendas.

Antes de avançarmos, quero compartilhar uma contribuição especial: um relato real de quem aplicou o método e vivenciou seus resultados na prática.

Contribuição Especial – Rodrigo Lang

A seguir, Rodrigo Lang, empreendedor e especialista em estratégias comerciais, compartilha como o método **SHIFT®** se conectou à sua trajetória e transformou sua abordagem de vendas.

O vendedor que eu precisei ser

Enquanto o mercado inteiro parecia obcecado por automação, ferramentas, *playbooks* e escalabilidade a qualquer custo, eu me dei conta de algo incômodo: o verdadeiro campo de batalha das vendas B2B seguia praticamente intocado. Ali, no olho do furacão, ainda estavam as conversas difíceis, os diagnósticos malfeitos, as objeções que mascaravam inseguranças, os egos feridos nas negociações. E, acima de tudo, a construção de valor real, aquela que não se copia no ChatGPT, que não se automatiza por e-mail, e que exige mais do que uma técnica: exige presença.

No início da minha carreira, confesso que também fui seduzido pelas fórmulas mágicas. Aqueles "scripts infalíveis" que prometiam aumentar a taxa de conversão com uma frase de impacto ou com o uso de uma técnica de gatilho mental. Mas, na prática, o que eu via era uma erosão silenciosa: vendedores inseguros, clientes desconfiados e relações comerciais cada vez mais frágeis.

Foi nesse contexto que comecei a buscar respostas fora do barulho. E elas não vieram de tendências, mas de fundamentos. O primeiro deles foi o SPIN Selling. Quando li Neil Rackham, percebi que talvez eu estivesse tentando responder antes mesmo de entender a pergunta. O SPIN me ensinou que vender bem começa com escutar, mas não uma escuta passiva. Falo de uma escuta provocadora, que investiga, que conduz o cliente a enxergar aquilo que nem ele ainda tinha clareza.

Descobri que fazer boas perguntas não é um artifício de vendas, é uma forma de respeito. Ao perguntar com inteligência, eu mostrava que me importava com o contexto, com a dor real, com a raiz do problema e não só com a chance de bater minha meta. Mais do que isso, percebi que, quando um cliente sente que foi compreendido, ele mesmo começa a buscar a mudança. E é aí que a venda começa de verdade.

Anos depois, quando comecei a liderar negociações maiores e mais complexas, fui estudar a Escola de Harvard. Ali eu entendi outra coisa que mudou tudo: negociar não é ganhar, é resolver. E resolver bem é construir uma relação que se sustente, mesmo sob pressão.

Roger Fisher, William Ury e Bruce Patton me ensinaram a separar pessoas de problemas, a buscar interesses comuns mesmo em ambientes adversos, e a nunca esquecer que todo acordo envolve dois lados que precisam sair minimamente satisfeitos. Essa abordagem me deu maturidade. Me fez abandonar a vaidade do "ganhei a negociação" e me colocar no lugar do outro, não por empatia de Instagram, mas por estratégia sólida.

Mas ainda faltava algo. Algo que ajudasse o cliente a tomar melhores decisões sem eu precisar empurrá-lo até o final da jornada. Foi aí que mergulhei no conceito de Nudge, da Economia Comportamental. Richard Thaler e Cass Sunstein me mostraram que pequenas mudanças no ambiente, o jeito como a informação é apresentada, o momento em que ela aparece, a forma como alternativas são organizadas, têm um impacto gigantesco na tomada de decisão.

Isso mudou completamente a forma como eu preparava propostas, apresentava soluções e conduzia *follow-ups*. Em vez de pressionar, eu comecei a construir contextos favoráveis para que a decisão certa parecesse natural. Sem manipulação. Sem urgência forçada. Só com inteligência.

Foi só quando conheci o **SHIFT®** que todas essas peças fizeram sentido juntas. A metodologia não veio para me ensinar algo novo, mas para costurar com clareza o que, até então, eu vinha aplicando de forma isolada.

O **SHIFT®** foi, para mim, como um mapa claro de algo que eu já intuía, mas ainda não tinha nomeado. Ele parte de três fundamentos sólidos, SPIN, Harvard e Nudge, e os transforma em um sistema coerente, prático e totalmente aplicável à realidade de qualquer mercado.

Foi então que percebi algo que mudou meu escopo de atuação: o **SHIFT®** não era útil apenas nas grandes contas corporativas. Ele cabia, com a mesma elegância, no varejo consultivo, aquele B2C que lida com tickets médios, ciclo curto e um mar de *leads* chegando todo dia.

Por anos apliquei esses conceitos de forma fragmentada, sentindo seus efeitos positivos, mas sem uma estrutura coesa para integrá-los. Foi só quando conheci o **SHIFT®** que percebi o quanto essa conexão era poderosa.

O **SHIFT®** não me ensinou algo que eu nunca tivesse ouvido. Ele fez algo muito mais difícil: costurou o que estava disperso. Trouxe clareza, fluidez e sistematização para um modo de vender que já era intuitivo, mas que agora passou a ser replicável, ensinável e escalável.

O **SHIFT®** representa, para mim, uma ruptura de era nas vendas. Ele não é uma metodologia a mais, como tantas outras que surgem com nomes sofisticados e promessas vazias. Ele é um marco conceitual, uma nova lente pela qual passamos a enxergar o papel do profissional de vendas no mundo.

Pela primeira vez, vi uma abordagem que não tenta apenas "ensinar a vender", mas elevar o status da profissão de vendas ao seu lugar de direito: o de um ofício estratégico, ético e transformador.

Isso muda tudo. Muda o perfil dos profissionais que devemos formar. Muda o tipo de conversa que temos com nossos clientes. Muda até a forma como lidamos com a pressão de metas, porque, quando o processo é bem conduzido, o resultado vem como consequência, não como obsessão.

Hoje, vejo claramente que o mercado está dividido entre dois tipos de vendedores: os que tentam convencer e os que ajudam a decidir. O **SHIFT®** prepara o segundo tipo.

E aqui, se você me permite, eu quero fazer um alerta: vender do jeito antigo não é apenas ineficaz, é perigoso. Manchar a reputação de uma marca ou de um profissional por conta de promessas vazias, ou abordagens invasivas não é só imoral, é perda de tempo e dinheiro. O custo de reconstruir confiança é alto demais para quem ainda acredita em atalhos.

Por isso, acredito que o **SHIFT®** não é só uma nova metodologia. É um novo compromisso. Um pacto entre ética, estratégia e performance. Ele não despreza resultados, muito pelo contrário. Mas entende que os melhores resultados são consequência de processos bem conduzidos, com foco no cliente e coerência interna.

Esse é o vendedor que precisei ser. Esse é o profissional que tento formar todos os dias. Alguém que entende que vender é provocar mudança. Que respeita o tempo do outro. Que não desiste da verdade para atingir uma meta.

Se você está com este livro em mãos, já deu o primeiro passo. Agora, meu convite é simples: abrace essa nova mentalidade com coragem. Teste. Questione. Refine. Mas, acima de tudo, sinta. Sinta o impacto de uma venda feita com intenção, com método e com respeito.

Porque o **SHIFT®** não é apenas uma metodologia de vendas. É um novo jeito de estar no mundo nas vendas!

Rodrigo Lang

É empreendedor e especialista em estratégias comerciais. Fundador da Human SA, contribuiu para a construção de um dos principais ecossistemas latino-americanos voltados à Gestão da Felicidade Corporativa, atuando no desenvolvimento de produtos e nas frentes B2B e B2C. Na Primum Educação, grupo que reúne as Faculdades Primum, CBI, BBI e Aristo Residência Médica, foi Diretor Comercial e de Marketing, participando da estruturação e escala das verticais B2C e B2B. Cofundou a Witseed, plataforma de aprendizado corporativo baseada em IA, posteriormente adquirida pelo BTG Pactual; liderou projetos na IEG Consultoria com clientes como Petrobras, Natura e Vale; e é autor de Negotiation Map e Comunicação e Vendas de Alto Impacto.

CAPÍTULO 7

DA TEORIA À PRÁTICA: CONSTRUINDO O PLANO DE AÇÃO **SHIFT**®

Até aqui, você aprendeu os pilares do método **SHIFT**® e viu como ele se aplica a diferentes setores.

Mas todo conhecimento só gera valor quando é **colocado em prática** de forma **sistêmica**.

Este capítulo é um convite à ação.

Seja você um(a) empresário, profissional de vendas, líder de equipe ou consultor, aqui está o **roteiro prático para aplicar o método SHIFT® no seu contexto**.

Fase 1 – Diagnóstico interno: onde estamos?

Antes de aplicar **SHIFT**® no cliente, ele precisa ser aplicado **em você e no seu time**.

Perguntas-chave:

- Quais etapas hoje existem no meu processo de vendas?
- O quanto escuto e entendo o cliente antes de oferecer algo?
- Estou realmente co-construindo soluções com o cliente?
- Meus argumentos facilitam ou complicam a decisão?

Ferramentas:

- **Autoavaliação SHIFT®:** nota de 1 a 5 em cada pilar.
- **Mapa de maturidade comercial**: Diagnóstico → Construção → Influência.

Fase 2 – Capacitação por pilar

Cada etapa do método deve ser internalizada. Isso pode ser feito em workshops, reuniões de time ou sessões individuais.

Sugestão de cronograma de capacitação:

Semana	Tema	Atividades
1	SPIN Selling	*Roleplays*, gravações de reuniões
2	Negociação de Harvard	Simulações, análise de propostas reais
3	Nudge e influência ética	Reescrita de e-mails, layout de propostas
4	Integração prática	Simulações completas e planejamento

Figura 10 – Cronograma de capacitação.

Fonte: Elaborado pelo autor.

Dica: Monte duplas de prática para feedbacks cruzados e evolução rápida.

Fase 3 – Adaptação ao processo comercial

O método não substitui o processo da empresa — ele melhora o que já existe.

Exemplos de ajustes:

- **Pré-venda:** roteiros SPIN e banco de perguntas.
- **Proposta:** seções baseadas em critérios objetivos (Harvard).
- ***Follow-up*:** Nudges visuais e de urgência ética e reais.

Ferramentas:

- Modelo de proposta **SHIFT**®.
- Guia de e-mails com gatilhos comportamentais.
- Painel visual de KPIs orientados a relacionamento, não só conversão.

Fase 4 – Projeto piloto

Antes de escalar, é recomendável testar. Escolha um produto ou serviço, setor ou grupo de vendedores e implemente o método de forma controlada.

Elementos de um bom piloto:

- Grupo limitado (3 a 5 vendedores).
- Roteiro de atuação baseado no método.
- Reuniões semanais de acompanhamento.
- Métricas claras de sucesso: tempo de ciclo, taxa de fechamento, NPS do cliente.

Fase 5 – Escala e cultura

Com resultados validados, é hora de escalar.

Mas, mais importante do que treinar é **transformar o método em cultura.**

Como fazer isso:

- Integrar o **SHIFT®** aos materiais oficiais da empresa (*playbook,* CRM, *onboarding*).
- Criar um **Time de "Guardiões"** do método para garantir consistência.
- Reconhecer publicamente quem aplica e compartilha boas práticas.
- Reforçar constantemente os princípios em rituais da equipe (*check-ins*, reuniões, *one-on-one*).

Exemplo prático – time de vendas B2B de uma Edtech

Cenário inicial:

- Foco excessivo em fechamento rápido.
- Propostas genéricas.
- Conversão abaixo de 15%.

Plano de Ação SHIFT®:

- Diagnóstico de cada vendedor com matriz SPIN vs. Script padrão.
- Workshop intensivo de Negociação de Harvard.
- Reformulação das propostas com Nudges visuais e *framing* de valor.
- Piloto de 60 dias com time sênior → Avaliar melhora na taxa de conversão.
- Escala do modelo para todo o time, com mentorias quinzenais.

Reflexão final

A implementação do **SHIFT® não exige ruptura. Exige intenção.**

É possível transformar vendas sem revolução — apenas **aprimorando a escuta, alinhando interesses e conduzindo com ética.**

> "Método sem aplicação é teoria. Aplicação sem método é desperdício. O equilíbrio é onde mora a alta performance." – Alexandre Chiacchio

Por que o SHIFT® precisa ser cultura?

Implantar o **SHIFT®** como um projeto isolado é limitar o seu verdadeiro potencial. Não se trata apenas de aplicar uma nova sequência de perguntas, mudar o layout da proposta ou enviar e-mails com uma comunicação mais persuasiva. O **SHIFT®** é, acima de tudo, uma forma de pensar, de ouvir e de se posicionar comercialmente. É uma mentalidade. Uma cultura.

Métodos, por si só, não criam transformação se forem tratados como eventos pontuais. Eles só produzem impacto real quando incorporados à forma como as pessoas agem, decidem e interagem no dia a dia. O **SHIFT®** não é diferente. Ele não foi criado para ser uma metodologia de "treinamento de um dia", mas sim uma estrutura viva, que precisa estar presente nas conversas de *pipeline*, nas revisões de *forecast*, nas discussões de proposta e, principalmente, na forma como cada interação com o cliente é conduzida.

Por que transformar o SHIFT® em cultura?

Porque vendas B2B é um jogo de consistência. Um time que aplica o método apenas quando lembra, ou quando é cobrado, inevitavelmente volta aos velhos hábitos: abordagens superficiais, diagnósticos pobres, negociações reativas e propostas centradas em preço.

Quando o **SHIFT®** vira cultura, o comportamento muda antes da necessidade de correção. As perguntas SPIN passam a fazer parte natural das reuniões. Os princípios de Harvard deixam de ser um "checklist de negociação" e passam a ser um código de postura diante de qualquer objeção. Os Nudges não são mais vistos como truques de persuasão, mas como elementos de clareza e redução de atrito para o cliente.

Outro ponto: a cultura do **SHIFT®** não é importante apenas para aumentar a taxa de fechamento. Ela é essencial para reduzir desperdícios comerciais, melhorar o relacionamento com clientes estratégicos e, principalmente, criar times mais confiantes e alinhados com uma venda consultiva de longo prazo.

Há um ganho invisível, mas profundo, quando a cultura **SHIFT®** está presente: a melhoria da qualidade das decisões comerciais ao longo do tempo. Quando todos os vendedores internalizam o método, o próprio ciclo de feedback interno evolui. As reuniões de vendas deixam de ser apenas revisões de meta e passam a ser debates sobre qualidade de diagnóstico, sobre construção de valor, sobre o quanto as propostas estão realmente conectadas aos interesses reais dos clientes.

SHIFT® na cultura significa ter líderes comerciais que reconhecem um bom diagnóstico ao ouvir uma *call*. Significa ter um gestor que, ao revisar uma proposta, não pergunta apenas "qual o desconto?", mas sim: "Que critérios objetivos sustentam essa oferta? Quais interesses reais do cliente estão sendo atendidos? Que Nudges estamos usando para reduzir a fricção de decisão?".

Integrar o **SHIFT®** à cultura é o que transforma o método em resultado consistente. É o que garante que, mesmo quando o mercado estiver pressionado, o *pipeline* apertado e o trimestre desafiador, o time não vai regredir para o modo "desespero comercial".

Importante voltar a dizer: nem com **SHIFT®** você ganhará todas as negociações. Isso seria uma promessa ingênua. Vendas B2B envolvem variáveis políticas, agendas ocultas, relacionamentos preexistentes e decisões que, muitas vezes, extrapolam critérios técnicos. Existem jogos de poder invisíveis, concorrentes com relações históricas e influências internas às quais você não terá acesso ou domínio.

Mas a diferença de um time com cultura **SHIFT®** é que ele consegue, com mais precisão, perceber quando está perdendo por fatores externos ou quando está deixando de ganhar por falhas internas. Esse discernimento é o que separa equipes de vendas maduras de equipes que vivem no improviso.

Mais do que um método, **SHIFT®** é um antídoto contra a venda reativa e o amadorismo comercial. É um modelo que aumenta a taxa de sucesso porque aumenta o nível de consciência, preparação e execução em cada etapa da jornada de decisão do cliente.

E quando cultura e método se tornam uma coisa só, a consequência natural é o crescimento sustentável em vendas, margem, reputação e, sobretudo, em credibilidade.

Essa é a real diferença entre aplicar o **SHIFT®** como técnica e viver o **SHIFT®** como cultura.

No próximo capítulo, você terá acesso a uma seleção de **ferramentas práticas, roteiros e templates** prontos para uso, seja para preparar reuniões, redigir propostas ou estruturar uma apresentação de vendas.

CAPÍTULO 8

FERRAMENTAS, *TEMPLATES* E ROTEIROS

Se o conhecimento é a base, as ferramentas são os aceleradores.

Neste capítulo, reunimos os principais instrumentos práticos para aplicar o **SHIFT®** no dia a dia de vendas.

A ideia aqui é simples:

Menos teoria, mais ação.

Use, adapte, compartilhe. Essas ferramentas foram criadas para serem utilizadas no campo, não na gaveta.

Roteiro de diagnóstico SPIN

Uma planilha ou bloco de notas estruturado para conduzir reuniões exploratórias com clientes.

Estrutura padrão:

Tipo de pergunta	Exemplo prático
Situação	"Como é feito atualmente o controle dos indicadores?"
Problema	"Quais desafios vocês têm enfrentado com isso?"
Implicação	"E quais os impactos disso nos resultados da equipe?"
Necessidade	"Se vocês resolvessem isso, o que mudaria no negócio?"

Figura 11 – Roteiro de diagnóstico SPIN.

Fonte: Elaborado pelo autor, com base na metodologia SPIN Selling, desenvolvida por Neil Rackham (1988).

Dica: personalize os exemplos por segmento de cliente.

Matriz de interesses (Harvard)

Ajuda a visualizar posições declaradas vs. interesses reais de cada parte na negociação.

Modelo:

Parte	Posição declarada	Interesse subjacente
Cliente	Preciso de desconto de 20%	Previsibilidade orçamentária
Fornecedor	Pagamento à vista	Capital de giro imediato

Figura 12 – Matriz de interesse.

Fonte: Elaborado pelo autor, com base nos princípios da negociação de Harvard, conforme propostos por Fisher, Ury e Patton (1991).

Objetivo: buscar soluções que atendam ambos os interesses.

Template de proposta **SHIFT**®

Um modelo de proposta comercial com estrutura baseada no método.

Seções sugeridas:

1. Resumo do diagnóstico (SPIN).
2. Objetivos compartilhados (Harvard).
3. Solução proposta + critérios objetivos.
4. Benefícios esperados + impacto visual (Nudge).
5. Plano de ação e próximos passos.
6. Condições comerciais e prazos.
7. Casos de sucesso e depoimentos relevantes.

Design recomendado: Destaque visual para a melhor opção (caso exista mais de uma opção), uso de ícones, depoimentos curtos e um *call-to-action* claro ao final.

Kit de Nudges comerciais

Frases, recursos e técnicas comportamentais para facilitar a tomada de decisão do cliente.

Exemplos:

- **Escassez ética:** "Esta condição está disponível para os próximos 10 clientes."
- **Prova social:** "85% dos nossos clientes desse setor optaram pelo plano Essencial."
- ***Framing* positivo:** "Esse investimento que pode gerar 22% de economia na sua operação."
- ***Priming* visual:** imagem de antes e depois, *dashboards*, certificações.

Checklist de reunião estratégica com cliente

Uma página para garantir que você está aplicando **SHIFT®** na preparação.

Antes da reunião:

- Levantei contexto e histórico do cliente?
- Preparei perguntas SPIN personalizadas?
- Reforcei mentalmente os interesses mútuos?
- Tenho dados ou argumentos objetivos?

Durante a reunião:

- Escutei com atenção ativa?
- Evitei pular etapas do SPIN?
- Construí junto a proposta, não apenas apresentei?

Após a reunião:

- Reforcei valor e próximos passos com clareza?
- Usei Nudges sutis para manter o ritmo da negociação?

Quadro de acompanhamento de oportunidades (Kanban **SHIFT®**)

Ferramenta visual para gerenciar oportunidades comerciais usando os princípios do método.

Exemplo de colunas:

1. Diagnóstico incompleto (SPIN em andamento).
2. Diagnóstico fechado, proposta em co-construção (Harvard).
3. Proposta entregue, aguardando decisão (Nudge).
4. Cliente fechado.
5. Pós-venda e oportunidades adicionais.

Ferramenta: pode ser feita no Trello, Pipefy, Notion, Excel ou CRM.

Guia para treinamento de equipe

Se você lidera um time, este modelo serve para orientar sessões de capacitação.

Sessão 1: SPIN Selling

- Duração: depende do tamanho do time (cada simulação 60 a 90 minutos).
- Atividade: simulação de entrevista com cliente fictício.
- Feedback em grupo.

Sessão 2: Negociação Harvard

- Duração: (cada simulação 60 a 90 minutos).
- Atividade: *roleplay* de negociação com critérios objetivos.
- Avaliação dos argumentos por pares.

Sessão 3: Nudge

- Duração: (cada simulação 60 a 90 minutos)
- Atividade: redesenho de e-mails e propostas.
- Apresentação de novos modelos para o time.

Conclusão do capítulo

As ferramentas não substituem o pensamento estratégico, **elas o potencializam.**

Use o que for útil. Adapte o que for necessário. O que importa é manter a essência do **SHIFT®** viva: **ÉTICA, ESTRATÉGIA E IMPACTO REAL NO CLIENTE.**

> **"Boas ferramentas nas mãos certas criam vendas. Ferramentas com método criam valor."** – Alexandre Chiacchio

Agora que você tem método, aplicações e ferramentas, é hora de refletir sobre o legado que quer construir em vendas.

Vamos para a última etapa.

CAPÍTULO 9

SEM GESTÃO, O MÉTODO NÃO GANHA SUSTENTABILIDADE

NENHUM MÉTODO, POR MAIS poderoso que seja, sobrevive à ausência de gestão. Essa é uma verdade que precisa ser dita com toda a clareza. **SHIFT®** não é uma campanha de motivação, um treinamento isolado ou um material de leitura que se consome e arquiva. **SHIFT®** é uma nova forma de pensar, diagnosticar, negociar e influenciar. E como toda mudança de mentalidade, só se consolida quando sustentada por uma gestão disciplinada, inteligente e orientada a comportamento.

Sem gestão, o que temos é um cenário já conhecido: o SPIN vira um questionário engessado e artificial, a Negociação de Harvard se transforma numa sucessão de concessões mal calculadas, e os Nudges escorregam para táticas de pressão disfarçadas, exatamente o oposto do que o método propõe.

Gestão não é controle excessivo. É construção de consistência. É garantir que o método seja aplicado não só quando o vendedor "lembra" ou quando o trimestre está ruim, mas como parte do DNA comercial da equipe.

No contexto **SHIFT®**, a gestão tem quatro pilares fundamentais que servem como motor contínuo de evolução:

Indicadores de ritmo

Aqui não estamos falando apenas de volume de propostas ou número de ligações. Estamos falando de ritmo de diagnóstico consultivo, de avanço de fases no pipeline segundo a lógica **SHIFT®**, de número de conversas de alto valor iniciadas por semana. Times que não medem o ritmo de atividades consultivas perdem cadência e voltam ao comportamento transacional. O vendedor precisa saber, por exemplo, quantas novas conversas profundas ele iniciou na semana e em que estágio real cada oportunidade está.

Reuniões de acompanhamento

Se as reuniões de pipeline da sua empresa ainda são centradas apenas em previsão de fechamento e percentual de meta, o método não vai escalar. No **SHIFT®**, as reuniões servem para três coisas: revisar qualidade de diagnóstico, destravar negociações emperradas e refletir sobre aprendizados recentes. São encontros para calibrar a qualidade da abordagem, e não apenas para revisar números frios. O objetivo não é só perguntar "quantos negócios você tem no pipeline?", mas entender "em que fase de decisão cada cliente realmente está?", "que interesses reais foram mapeados?" e "quais Nudges já foram aplicados para facilitar o avanço?".

A gestão **SHIFT®** transforma a reunião de vendas em um fórum de inteligência comercial. É o espaço onde o time analisa o funil de maneira consultiva, discute aprendizados de campo, compartilha barreiras enfrentadas e constrói soluções de forma colaborativa. Não se trata de uma reunião de cobrança, mas de uma reunião de desenvolvimento.

Benchmarking interno

Um time só amadurece quando aprende com os próprios acertos e erros. Por isso, a gestão no **SHIFT®** precisa criar um ambiente onde as boas práticas se tornem visíveis, acessíveis e replicáveis. Isso significa gravar boas reuniões de diagnóstico, arquivar e compartilhar exemplos de propostas bem estruturadas, e até divulgar e-mails de *follow-up* que tiveram alta taxa de resposta.

O gestor deve estimular o time a olhar para dentro, extrair os melhores momentos das interações com clientes e transformar isso em material didático vivo. Isso alimenta o processo de melhoria contínua e evita a armadilha de depender sempre de treinamentos externos para evoluir.

Correção de rumo com base em dados

Gestão no **SHIFT®** não é feita por achismo. Os dados precisam falar. Se o diagnóstico médio está raso, a ação de gestão é reforço técnico em SPIN. Se os clientes estão pedindo muitos descontos, o problema pode estar em uma negociação malconduzida, com ausência de critérios objetivos ou falta de foco nos interesses reais do cliente. Se o ciclo de vendas está se alongando mais do que o habitual, talvez o gargalo esteja na ausência de Nudges eficazes na fase de decisão. Cada indicador, cada sintoma de queda de performance é, na verdade, um sinal de onde o método precisa de ajustes finos.

O papel da liderança é atuar como um radar ativo, interpretando esses sinais e promovendo intervenções rápidas e direcionadas. Isso pode significar um reforço técnico em SPIN para aprofundar diagnósticos, um workshop focado na Negociação de Harvard para aprimorar a construção de acordos, ou até uma rodada de revisão de propostas para calibrar o uso correto dos Nudges.

A gestão no **SHIFT®** é, essencialmente, gestão de comportamento comercial. É ajudar o vendedor a enxergar onde ele está falhando na aplicação do método e, mais do que isso, orientá-lo a como corrigir. Não se trata de cobrar metas no vazio, mas de destrinchar o processo e atacar os pontos de estrangulamento com precisão cirúrgica.

Isso exige do gestor três coisas fundamentais: disciplina, leitura analítica de dados e uma escuta ativa constante com o time. Não adianta ter CRM, *dashboards* e KPIs se o gestor não sabe transformar números em perguntas poderosas: "Por que essa taxa caiu?", "O que está por trás desse número?", "Que comportamento gerou esse resultado?".

A verdade é que a gestão no **SHIFT®** não é opcional. Ela é o próprio motor que faz a metodologia escalar, ganhar musculatura e virar cultura organizacional. E a régua não é apenas se o vendedor fechou ou não um negócio. A régua é: o vendedor aplicou o método com qualidade? Ele fez um diagnóstico consultivo de verdade? Ele negociou com base em interesses e critérios objetivos? Ele facilitou a decisão do cliente com influência ética? Se sim, o resultado comercial será uma consequência natural. E, mesmo nos casos em que o negócio não fechar, o que é parte da realidade de qualquer equipe de vendas, haverá aprendizado, haverá evolução na maturidade consultiva e haverá um pipeline mais saudável e previsível para os ciclos seguintes. Esse é um dos maiores diferenciais de uma gestão orientada ao **SHIFT®**: ela cria times mais conscientes, menos reativos e muito mais estratégicos.

O gestor, nesse contexto, deixa de ser um "cobrador de *forecast*" e passa a ser um verdadeiro treinador de performance comercial. Sua responsabilidade não é apenas perguntar "quando vai fechar?", mas sim investigar: "por que essa oportunidade avançou?", "qual foi o fator que travou aquela negociação?", "em que parte do **SHIFT®** o vendedor mais precisa de suporte neste momento?". Até porque, aqui entre nós, cobrar *forecast* é muito simplório. Tenho dúvidas da necessidade de contar com um líder que tenha foco nisso.

Com o tempo, esse modelo de gestão cria um ciclo virtuoso de aprendizado coletivo: o time começa a compartilhar cases de sucesso, aprende a reconhecer rapidamente seus próprios *gaps* e desenvolve uma linguagem comum baseada nos pilares do método. Não existe mais "achismo" na análise comercial. Existe método. Existe dado. Existe reflexão estruturada.

Outro ponto importante: a gestão **SHIFT®** também prepara o time para lidar com os fatores não controláveis do mundo real das vendas B2B, como política interna do cliente, interesses ocultos, mudanças de *stakeholders*, interferências de concorrentes com relações antigas. Nenhum método elimina esses fatores. Mas a gestão sólida permite identificá-los com mais antecedência, ajustar a estratégia em tempo real e, muitas vezes, mitigar os riscos antes que eles inviabilizem o negócio.

A gestão bem-feita no **SHIFT®** é isso: transforma a incerteza em inteligência, a dificuldade em plano de ação e a pressão por resultado em um processo previsível, saudável e escalável.

O resultado desse tipo de gestão é um time que opera em outro patamar de consciência comercial. Os vendedores deixam de ser executores automáticos de tarefas e passam a ser analistas ativos do próprio processo de venda. Começam a enxergar padrões em suas negociações, antecipar objeções recorrentes, identificar sinais de avanço ou de estagnação muito antes de o pipeline gritar por socorro.

Além disso, uma gestão estruturada pelo **SHIFT®** gera algo que muitas lideranças comerciais negligenciam: a construção de memória organizacional em vendas. Cada diagnóstico bem-feito, cada negociação bem conduzida e cada influência ética aplicada vira case interno, vira aprendizado compartilhável, vira material de treinamento futuro. O time deixa de "aprender pelo erro" isolado e passa a aprender como equipe, de forma cumulativa.

É assim que o **SHIFT®** vira cultura. Não pela repetição de slides de treinamento, mas pela prática disciplinada, pela análise contínua e pela gestão que transforma o método em rotina. Quando uma equipe começa a discutir critérios objetivos ao invés de apenas preços, quando o vendedor começa a relatar os interesses reais que mapeou no cliente ao invés de simplesmente listar objeções, quando o time inteiro passa a enxergar a negociação como um processo de construção conjunta e não como um cabo de guerra, é nesse momento que o **SHIFT®** deixa de ser um projeto e passa a ser o jeito de vender daquela empresa.

E vale reforçar: o objetivo final da gestão no **SHIFT®** não é criar um time de vendedores "robóticos" ou dependentes de roteiro. Pelo contrário. É formar profissionais com alto grau de autonomia, discernimento e capacidade de adaptar o método ao contexto real de cada negociação, mantendo sempre a essência: diagnóstico profundo, negociação ética e influência orientada a valor.

Se você lidera um time comercial e busca não apenas bater a meta, mas construir uma performance comercial consistente, resiliente e sustentável para os próximos anos, a gestão no modelo **SHIFT®** é o único caminho viável. Porque, mais importante do que fechar negócios de forma pontual, é criar uma estrutura que gere previsibilidade de receita, qualidade de funil e reputação positiva junto ao mercado.

Vendas B2B de alto valor são, por natureza, um terreno instável: ciclos longos, múltiplos decisores, variáveis políticas internas no cliente, mudanças de *stakeholders* no meio do processo e influências invisíveis que muitas vezes o vendedor só percebe quando já é tarde demais. A única forma de mitigar tudo isso é com gestão baseada em evidência, análise de comportamento comercial e correção de rota em tempo real.

Com uma gestão alinhada ao **SHIFT®**, o líder comercial passa a ter uma visão preditiva e não apenas reativa. Começa a enxergar, com semanas ou até meses de antecedência, onde o time está perdendo oportunidades por falha de diagnóstico, onde está cedendo margem desnecessariamente por condução fraca de negociação, ou onde está deixando de avançar por não aplicar os Nudges certos na hora certa.

Essa capacidade preditiva é o que separa times medianos de times de alta performance. E ela só existe quando a gestão entende que o **SHIFT®** não é um "evento de treinamento", mas um processo vivo, que exige acompanhamento próximo, ajustes contínuos e uma liderança capaz de fazer a conexão entre dados de performance, qualidade de execução e desenvolvimento de competências.

Portanto, se você realmente quer transformar a cultura comercial da sua empresa, o primeiro passo não é apenas treinar o time. É treinar a sua gestão para operar com os olhos voltados para o comportamento de venda, com foco em processo, consistência e evolução contínua.

SHIFT® não é um curso, é uma forma de pensar e atuar. E, como todo modelo de atuação, ele precisa de ritmo, visibilidade e compromisso.

Gestão é o que transforma métodos em cultura, como vimos anteriormente.

Sem gestão:

- O SPIN vira questionário.
- A negociação de Harvard vira concessão.
- Os Nudges viram pressão.

Com gestão:

- O diagnóstico se aprofunda ao longo do tempo.
- As negociações evoluem para relacionamentos.
- A influência respeita o *timing* e o contexto.

Os 4 pilares da gestão comercial no **SHIFT®**

Indicadores de ritmo

- Quantas conversas consultivas estamos iniciando por semana?
- Em que estágio do **SHIFT®** cada oportunidade está?

Reuniões de acompanhamento

- Reuniões semanais, quinzenais ou mensais com foco em progresso de pipeline, qualidade dos diagnósticos e negociações abertas.
- Mais do que números, devem trazer reflexões: o que aprendemos nesta semana? O que faria diferente?

Benchmarking interno

- Criar um ambiente de troca onde as melhores práticas não ficam com um vendedor, mas viram aprendizado coletivo.
- Exemplo: montar um painel com trechos de diagnósticos de alto impacto (SPIN), propostas vencedoras ou e-mails com Nudges bem aplicados.

Correções de rumo com base em dados

SHIFT® é vivo. A gestão serve para ajustar, não para punir. Dados bem interpretados indicam onde há atrito:

- Diagnósticos superficiais? Treinamento em SPIN.
- Propostas sem avanço? Revisar critérios de negociação.
- Baixa conversão? Reavaliar abordagem de *follow-up*.

No entanto, para que a gestão se converta em resultados consistentes, não basta contar apenas com boas intenções ou experiência prática. É fundamental dispor de ferramentas que sustentem o processo de tomada de decisão, forneçam dados confiáveis e facilitem a aplicação do SHIFT®. É justamente sobre esses instrumentos e sobre como integrá-los de forma estratégica, que trataremos a seguir.

Ferramentas de Gestão Comercial

Ferramentas não fazem gestão, mas tornam a gestão possível.

Essa é uma frase que não canso de repetir, quem faz a gestão é o gestor, não a ferramenta.

O método **SHIFT®** pode (e deve) ser potencializado por tecnologia, visualização de dados e modelos de acompanhamento objetivos.

Principais ferramentas para times consultivos

CRM (Customer Relationship Management)

Local principal para registrar as fases SPIN-Harvard-Nudge de cada cliente.

- Use campos personalizados: "Dor identificada (SPIN)" / "Interesse real (Harvard)" / "Nudges utilizados"
- Evite o uso apenas como pipeline. O CRM é ferramenta de inteligência.

OKRs (Objectives and Key Results)

Permitem focar em impacto, não só em meta.

Exemplo de OKR:

- Objetivo: Aumentar a profundidade dos diagnósticos.
- KR1: 100% dos diagnósticos com pelo menos 2 perguntas de implicação.
- KR2: feedback positivo de pelo menos 70% dos clientes nas reuniões.

Indicadores de processo comercial

- % de propostas baseadas em critérios objetivos.
- Taxa de avanço de diagnósticos para negociação.
- % de *follow-ups* com Nudges aplicados corretamente.

O que você mede, você melhora.

Matriz de Maturidade **SHIFT®** – Avaliação Trimestral do Time de Vendas

Dimensão Avaliada	Nível 1 - Iniciante	Nível 2 - Básico	Nível 3 - Operacional	Nível 4 - Avançado	Nível 5 - Consultivo/Referência
Escuta Ativa (SPIN)	Faz perguntas genéricas, focadas no produto.	Realiza algumas perguntas de situação e problema, mas sem aprofundar.	Conduz diagnósticos com perguntas de implicação e necessidade.	Adapta o SPIN ao contexto de cada cliente, criando diagnósticos personalizados.	Conduz diagnósticos estratégicos, com profundidade, mapeando interesses ocultos e ampliando a visão de negócio do cliente.
Co-construção de Acordos (Harvard)	Foca apenas em preço e desconto.	Identifica algumas objeções, mas ainda negocia por concessão.	Mapeia interesses reais, apresenta opções, mas ainda falta firmeza em critérios objetivos.	Conduz negociações com foco em ganho mútuo e sustentação de valor com benchmarks.	Atua como parceiro estratégico do cliente, co-criando soluções com base em interesses, critérios técnicos e viabilidade financeira.
Clareza e Influência Ética (Nudge)	Envia propostas genéricas, sem estrutura clara.	Faz algum esforço de personalização, mas ainda com foco excessivo em preço.	Utiliza elementos de *framing* e prova social de forma pontual.	Estrutura propostas com clareza narrativa, arquitetura de escolha e nudges visuais bem aplicados.	Influencia decisões de forma ética e sofisticada, dominando arquitetura de escolha, ancoragem de valor e provas sociais customizadas.
Ética na Condução	Adota abordagens de pressão ou manipulação, consciente ou não.	Demonstra intenção ética, mas ainda comete erros de discurso ou atitude.	Atua com postura ética na maior parte das interações.	Tem posicionamento ético consistente, mesmo sob pressão de meta.	É reconhecido como referência em ética comercial, sendo exemplo para o time e contribuindo para a reputação da empresa no mercado.
Aderência ao Processo SHIFT®	Não segue etapas ou estrutura. Age por impulso ou conveniência.	Conhece as fases do SHIFT®, mas aplica de forma irregular.	Segue o processo com frequência, mas ainda esquece alguns elementos.	Aplica o método com disciplina, documenta cada fase e cumpre os checkpoints.	Integra o método ao seu próprio estilo com fluidez. Contribui ativamente para o aprimoramento do processo na empresa.

Figura 13 – Matriz de Maturidade **SHIFT®**.

Fonte: Elaborado pelo autor.

Como usar a Matriz:

- **Frequência de avaliação:** Trimestral.
- **Responsáveis:** Liderança comercial + autodiagnóstico dos vendedores.
- **Formato:** Avaliação numérica (de 1 a 5) + feedback qualitativo por dimensão.
- **Meta de evolução:** Cada vendedor deve avançar pelo menos 1 nível em pelo menos duas dimensões a cada ciclo trimestral.

Avaliação Trimestral – Time de Vendas B2B (Exemplo)

Dimensão Avaliada	Vendedor A	Vendedor B	Vendedor C	Vendedor D	Vendedor E
Escuta ativa (SPIN)	4 - Avançado	2- Básico	3 - Operacional	5- Consultivo	2 - Básico
Co-construção de acordos (Harvard)	3 - Operacional	2 - Básico	4 - Avançado	5 - Consultivo	2- Básico
Clareza e influência ética (Nudge)	3 -Operacional	2 - Básico	3 - Operacional	4 - Avançado	2 - Básico
Ética na condução	5 - Referência	4 - Avançado	4 - Avançado	5 - Referência	3 - Operacional
Aderência ao processo SHIFT®	4 - Avançado	3 - Operacional	4 - Avançado	5 - Consultivo	2 - Básico

Figura 14 – Avaliação trimestral

Fonte: Elaborado pelo autor.

Interpretação dos resultados:

- **Vendedor A:** Forte em ética e aderência ao processo, mas precisa evoluir em Harvard (negociação consultiva).
- **Vendedor B:** Em estágio inicial em quase todas as dimensões. Priorização imediata em SPIN e Harvard.
- **Vendedor C:** Consistente em diagnóstico e ética, mas ainda precisa avançar em clareza de proposta.
- **Vendedor D:** Perfil referência. Alto desempenho em todas as dimensões. Possível mentor interno.
- **Vendedor E:** Perfil crítico. Precisa de um plano intensivo de desenvolvimento em todos os pilares.

Como o gestor deve usar essa matriz na prática:

1. Plano de ação individualizado:

Cada vendedor deve ter um mini-PDI (Plano de Desenvolvimento Individual) com base nas duas dimensões mais baixas. Se houver mais do que duas, priorizar as que estejam nas etapas iniciais do processo.

Exemplo para o vendedor B:

- Meta Trimestral: Evoluir de Básico para Operacional em SPIN e Harvard.

- Ações:
- Participar de dois *roleplays* semanais focados em SPIN.
- Revisar propostas de colegas que estão no nível Avançado em Harvard.
- Receber feedback personalizado após reuniões-chave.

2. Ações de desenvolvimento coletivo:

- Time inteiro passa por um **Workshop Intensivo de Negociação de Harvard**, já que 3 dos 5 vendedores estão no nível Básico ou Operacional.
- Implantação de Painel de Melhores Diagnósticos.
- Rodada de coaching cruzado: vendedores de níveis mais altos ajudam os que estão atrás.

3. *Follow-up* e nova avaliação:

- Nova aplicação da Matriz no próximo trimestre.
- Meta: Cada vendedor subir pelo menos **1 nível em 2 dimensões**.

Benefícios da matriz de maturidade SHIFT®:

- Dá visibilidade clara ao gestor sobre o nível real de aplicação do método no time.
- Gera conversas de desenvolvimento muito mais focadas e produtivas.
- Ajuda a construir planos de capacitação personalizados para cada vendedor.
- Transforma gestão de vendas em gestão de comportamento, e não apenas de resultados numéricos.

Essa matriz não é apenas uma ferramenta de avaliação. É um mapa de desenvolvimento de competências comerciais de alto desempenho dentro da lógica **SHIFT®**.

Painéis visuais (Kanban)

- Diagnóstico em andamento.
- Proposta sendo co-construída.
- Cliente em análise de decisão.
- Fechado / Implantação.
- Pós-venda com nova oportunidade.

Os painéis visuais podem ser contratados do mercado: se o objetivo for controle visual simples + times menores + foco em método – Trello ou Pipefy.

Se for CRM com gestão de pipeline + integração com histórico de clientes – Pipedrive, HubSpot, RD Station, Active Campaign, entre outros.

Se quiser um modelo híbrido com gestão de conhecimento + painel – Notion.

São várias opções, todas ótimas.

Ao compreender e aplicar o **SHIFT®** como um processo integrado, estruturado e orientado por ciência, criamos não apenas possibilidade de resultados no curto prazo, mas também as bases para um desenvolvimento contínuo. É justamente sobre como consolidar e expandir essas competências, por meio de educação contínua, estruturada e aplicada, que trata o próximo capítulo.

CAPÍTULO 10

O LÍDER SHIFT®: MULTIPLICADOR DE MÉTODO, CULTURA E RESULTADO

SHIFT® não é um kit de ferramentas. É um modo de pensar e agir. E nada sustenta isso melhor do que lideranças que acompanham, desenvolvem e multiplicam comportamentos.

Ao longo da minha carreira, liderando times comerciais, acompanhando operações de vendas B2B em diferentes setores e diferentes ciclos econômicos, e foram muitos, aprendi que existe uma distância enorme entre ensinar uma técnica e construir uma cultura de execução comercial.

A técnica pode ser aprendida em um workshop.

O método pode ser assimilado em uma boa sequência de treinamentos.

Mas cultura. Cultura só nasce onde há liderança de verdade.

E liderança de verdade, especialmente em vendas B2B, não é medir pipeline, cobrar número ou recitar frases de efeito sobre motivação. É garantir que o comportamento certo aconteça, todos os dias, de forma consistente, mesmo quando ninguém está olhando.

Quando desenhei o **SHIFT®**, uma coisa era clara para mim: o método só se sustentaria no médio e longo prazo se os líderes comerciais assumissem o papel de guardiões ativos da aplicação diária.

O que vejo em muitas organizações é um padrão preocupante: Times que começam bem, aplicam o método nos primeiros ciclos, mas, aos poucos, vão cedendo ao improviso. Voltam aos velhos hábitos, escorregam para conversas comerciais rasas, deixam o diagnóstico consultivo de lado e começam a tratar a negociação como uma disputa de preço. E isso, não incomum, é a natureza humana falando mais alto, volta ao que entende ser o mais fácil, mesmo que isso implique em resultados piores.

E quando isso acontece, o problema quase nunca é o método. O problema é a ausência de liderança real.

O Líder **SHIFT®** entende que o método não é uma coleção de ferramentas isoladas. É um modelo de pensar, decidir e agir em vendas.

E esse modelo precisa de reforço. De cobrança. De reflexão constante.

Mas, acima de tudo, precisa de exemplo.

O líder que diz ao time que diagnóstico consultivo é importante, mas nunca analisa um diagnóstico junto com o vendedor, está criando um hiato perigoso entre o discurso e a prática.

O líder que fala de negociação baseada em interesses, mas continua aprovando propostas com concessões mal planejadas, está sabotando a cultura que diz querer construir.

E o líder que diz que quer um time estratégico, mas continua gerenciando por volume de atividades e não pela qualidade das interações, está gerando exatamente o time operacional que depois vai criticar. E é uma pena constatar a intensa recorrência dessa forma de agir.

Ao longo deste capítulo, não trago teoria. Trago o que aprendi liderando, errando, ajustando e, principalmente, acompanhando de perto a evolução (ou regressão) dos comportamentos comerciais em diversas operações B2B.

O Líder **SHIFT®** desempenha quatro papéis fundamentais:

1. Guardião do método – porque método sem liderança vira protocolo esquecido.

Ser Guardião do Método vai muito além de lembrar o time de aplicar o SPIN ou de revisar um, ou outro slide de Negociação de Harvard antes de uma reunião importante. Ser Guardião é proteger a integridade do **SHIFT®** no dia a dia operacional, mesmo quando a pressão por resultados imediatos tenta empurrar o time de volta para atalhos perigosos.

Tive a oportunidade de ver métodos brilhantes morrerem por falta de vigilância. Não por falta de qualidade técnica, mas porque os líderes deixaram o método escorregar entre os dedos.

O Líder **SHIFT®** é aquele que:

- Exige que o diagnóstico venha bem-feito antes de qualquer proposta.

- Não aceita concessões comerciais que não estejam fundamentadas em interesses reais.
- Corrige desvios de linguagem, de abordagem e de *framing* de proposta sempre que percebe sinais de regressão.

Ser Guardião do Método é ter clareza de que o método não é um adereço comercial. É a espinha dorsal do resultado.

2. Curador de talento – porque talento sem desenvolvimento é desperdício de potencial.

Talento comercial não nasce pronto. Ele é lapidado. Desenvolvido. Orientado. E isso exige um líder presente e com olhar clínico para a evolução de comportamento.

Eu aprendi – muitas vezes do jeito difícil – que um vendedor pode até saber o que precisa fazer, mas sem reforço, sem feedback objetivo e sem orientação prática, ele escorrega para os mesmos erros de sempre.

O Líder **SHIFT®**, como Curador de Talento, faz o seguinte:

- Observa com atenção: desde uma *call* mal conduzida até um e-mail com diagnóstico raso.
- Dá feedback com base em fatos e comportamentos observáveis, não em impressões vagas.
- Constrói trilhas de desenvolvimento individuais: identifica que um vendedor precisa fortalecer perguntas de implicação, enquanto outro precisa melhorar a condução de fechamento.
- Promove o crescimento por meio de rituais como *roleplays*, análises de propostas e revisões de diagnósticos.

Curar talento é ter coragem de dizer o que precisa ser dito, com respeito, mas com firmeza.

Formar um time de vendas B2B de alta performance é um projeto de desenvolvimento humano contínuo.

3. Conector estratégico – porque vendas isoladas do resto da empresa é receita para o conflito interno e para o fracasso comercial.

Esse é um ponto extremamente importante, porque também tive a oportunidade de observar alguns times de vendas naufragarem não por incompetência comercial, mas por isolamento político dentro da organização.

O Líder **SHIFT®** entende que o time de vendas é parte de um ecossistema maior. Sabe que, se não houver integração real com marketing, produto, *customer success* e outras áreas, a pressão interna vai virar um obstáculo maior que o próprio cliente.

Ser Conector Estratégico significa:

- Atuar como a interface entre vendas e as demais áreas da empresa.
- Blindar o time de vendas de metas mal construídas, de pressões mal informadas ou de interferências que desrespeitam o método.
- Participar ativamente de discussões sobre ICP (*Ideal Customer Profile*), sobre propostas de valor e sobre ações de geração de demanda.
- Traduzir a linguagem da diretoria para o campo e a realidade do campo para a diretoria.

O líder que isola o time comercial, ou que joga a pressão para baixo sem filtro, destrói cultura e mata a produtividade.

Ser Conector é garantir que o vendedor tenha as condições reais para aplicar o **SHIFT®** com consistência.

4. Inspirador de cultura – porque, no fim, o que sustenta resultado ao longo dos anos é o comportamento coletivo que o time adota como padrão.

Cultura não se impõe. Cultura se constrói. Tijolo por tijolo. Conversa por conversa. Reunião por reunião. Feedback por feedback.

O Líder **SHIFT®** sabe que cada pequena interação com o time é uma oportunidade de reforçar o comportamento desejado.

Isso significa:

- Compartilhar aprendizados reais de campo.
- Reconhecer boas práticas com foco no método, e não apenas no resultado.
- Criar espaço para o time refletir sobre erros, acertos e aprendizados.
- Realizar 1:1 com profundidade, analisando diagnósticos reais, revisando propostas e trabalhando casos complexos de negociação.

Nas minhas experiências como líder, sempre vi que os times que performam de forma consistente são aqueles que têm orgulho da forma como vendem, não apenas do quanto vendem.

Inspirar a cultura **SHIFT®** é mostrar, todos os dias, que vender com método, ética e inteligência é o único caminho aceitável.

Esses papéis não são teóricos. Eles são operacionais. Exigem rituais. Exigem agenda. Exigem disciplina.

Liderar um time de vendas de alta performance não é uma sequência de cobranças semanais sobre funil de vendas. É uma sequência de ações intencionais que fazem o método sair do papel e ganhar vida em cada conversa com o cliente.

> Ao longo dos anos, percebi que o grande legado de um líder comercial não está apenas nas metas batidas. Está na cultura que fica. Na forma como o time aprende a pensar, a diagnosticar, a negociar e a construir soluções com o cliente.

Porque, no final, a pergunta que fica é simples, mas definitiva:

O que o seu time está aprendendo com a sua liderança?

Se a resposta for "cumprir meta a qualquer custo", o preço será alto e os resultados, insustentáveis.

Se a resposta for "vender com método, ética e inteligência comercial", então você está, de fato, exercendo a liderança **SHIFT®**.

E é exatamente isso que diferencia times que apenas vendem de times que constroem resultados sustentáveis ao longo do tempo.

Liderança **SHIFT®** não é sobre carisma. Não é sobre "motivação de palco".

É sobre construção de consistência.

É sobre vigilância comportamental.

É sobre formação de caráter comercial.

O verdadeiro legado de um líder de vendas não é apenas o resultado de um trimestre. É a cultura que ele deixa depois que sai da sala.

Porque, no final, os números vão e vêm, mas a cultura que você construiu permanece.

CAPÍTULO 11

EDUCAÇÃO: TREINAMENTO CONTÍNUO É INEGOCIÁVEL

SHIFT® é simples. Mas, ao mesmo tempo, não é fácil.

E como todo modelo de excelência, ele exige treino contínuo. Afinal, você deseja vendas de alta performance. E alta performance não sobrevive sem repetição e reflexão.

Quando desenhei o **SHIFT**®, uma das minhas primeiras preocupações foi garantir que o método fosse simples o suficiente para ser compreendido e aplicado por qualquer profissional de vendas B2B, sendo também, e até recomendado, aplicável a profissionais de vendas B2C, independentemente do segmento. Mas logo percebi, como em tudo na vida comercial, que o simples não é sinônimo de fácil.

Método sem prática vira teoria de gaveta. E método sem reforço vira lembrança de um treinamento distante, perdido entre planilhas, metas e reuniões de pipeline.

Tem algo que sempre disse para todos os meus times comerciais, quem trabalhou comigo reconhecerá: Vendas requer consistência e persistência.

Consistência porque não existe resultado sustentável baseado em ações pontuais, impulsos de esforço ou "arrancadas" esporádicas. Vendas são construções diárias, é a soma de micro ações que, quando repetidas com qualidade, formam um padrão previsível de desempenho. Um cliente raramente decide na primeira interação. É a sequência de contatos bem-feitos, propostas alinhadas e *follow-ups* respeitosos que cria confiança e credibilidade.

Persistência porque o “não” é parte integrante do caminho até o “sim”. A jornada de vendas envolve lidar com objeções, incertezas e, muitas vezes, com o silêncio do cliente. Persistir não é insistir de forma cega, mas ajustar a estratégia, aprender com cada tentativa e manter o compromisso até que a oportunidade seja, de fato, madura para avançar. Persistência é não abandonar a negociação na primeira barreira, mas saber quando redirecionar e quando esperar o momento certo.

Juntas, consistência e persistência formam o que chamo de disciplina comercial: o hábito de fazer o que precisa ser feito, na frequência necessária, mesmo quando os resultados ainda não são visíveis. É essa disciplina que transforma esforço em resultado, prospecção em oportunidades e oportunidades em negócios fechados.

Essas virtudes, fundamentais para todo vendedor de alta performance, aplicam-se igualmente ao treinamento de vendas. Persistência e consistência não são apenas virtudes na condução de negociações. Elas são igualmente essenciais no treinamento contínuo. Persistir, no contexto da educação comercial, significa não abandonar o desenvolvimento do time diante da primeira resistência, seja a falta de tempo, a sobrecarga de tarefas ou a dificuldade de aplicar um conceito novo no campo. É insistir de forma estratégica, ajustando o formato, a abordagem e o conteúdo até que o aprendizado seja absorvido e comece a gerar resultado.

Consistência, por sua vez, é o que transforma conhecimento em competência sólida. Treinar de forma esporádica é como visitar um cliente apenas uma vez e esperar que ele feche um contrato duradouro. É improvável e arriscado. A consistência cria hábitos, sedimenta boas práticas e constrói a linguagem comum que sustenta uma cultura comercial de alta *performance*.

Assim como no processo de vendas, no treinamento também é preciso saber quando redirecionar e quando esperar. Há momentos em que o conteúdo precisa ser reforçado de maneira mais intensiva e outros em que o time precisa de tempo para aplicar, testar e voltar com aprendizados para serem lapidados. Esse ciclo, insistir, medir, ajustar e repetir, é o que garante que o **SHIFT**® não seja apenas aprendido, mas vivido no dia a dia.

A realidade é dura: vendas de alta *performance* exigem treinamento contínuo. Não é uma opção. Não é um “plus”. Não é uma iniciativa de RH para marcar presença. É uma condição básica para que o **SHIFT**® produza os resultados para os quais foi desenhado.

Por quê? Porque o cliente muda.

Porque o mercado muda.

Porque o ciclo de compra se torna mais sofisticado a cada trimestre.

E, porque nós, seres humanos, esquecemos, relaxamos e, muitas vezes, voltamos para a nossa zona de conforto: os velhos scripts, as abordagens automáticas e os vícios comerciais que já não funcionam mais.

Excelência comercial é frágil. Ela precisa ser protegida, revisitada e reensaiada. Sem isso, ela morre.

O erro que vejo em muitas empresas é acreditar que uma única rodada de capacitação é suficiente. Não é. Quem deseja implantar o **SHIFT®** de forma consistente precisa entender que o método só vira cultura quando gestão, processo e educação contínua caminham juntos.

E educação, aqui, não é teoria acadêmica. É ritual de campo. São as pequenas disciplinas diárias e semanais que reforçam comportamento. São as mentorias cruzadas onde os mais experientes apoiam os mais novos. É a construção de uma linguagem comum em cada reunião de vendas. É o laboratório de propostas que transforma documentos comuns em ferramentas de influência estratégica.

Há quem pense que treinar é "perder tempo que poderia estar vendendo". Minha resposta é simples: não existe tempo mais bem investido do que o dedicado a treinar o seu time para vender melhor, com método, com ética e com inteligência de negócios.

Como fazer? Implantar uma agenda mensal obrigatória com simulações práticas de diagnóstico e negociação já funciona muito bem. **Então,**

Por que treinar sempre?

- Porque o cliente muda.
- Porque o mercado muda.
- Porque nós esquecemos (ou relaxamos).
- Porque a excelência é frágil sem atenção constante.

E como pode fazer isso?

Modelos de treinamento contínuo

Rituais semanais:

- Dica **SHIFT®** da semana (em 10 minutos).
- Compartilhamento de uma conversa que gerou aprendizado.
- *Roleplay* rápido (por exemplo: 2 perguntas de implicação).

Mentorias cruzadas:

- Vendedor mais experiente acompanha um júnior em 3 ciclos completos.
- Troca de feedback sobre SPIN, condução da negociação e clareza da proposta.

Academia SHIFT®:

- Trilha com vídeos curtos, simulações, o livro e quizzes.
- Gamificação: pontos por participação, desafios mensais, ranking saudável.

Laboratório de propostas:

- Selecionar mensalmente 2 propostas reais.
- Reunir o time para revisar os critérios do método.
- Coletar sugestões e reescrever coletivamente.

Essas são sugestões não engessadas, cada organização, cada gestor, pode encontrar o seu melhor modelo de fazer isso acontecer.

Você pode ensinar **SHIFT®**. Pode medir **SHIFT®**. Pode cobrar **SHIFT®**.

Mas só terá resultado duradouro se você gerir, sistematizar e educar constantemente.

Gestão sem método é comando.

Método sem gestão é utopia.

Método com gestão e educação contínua é cultura e cultura vende.

CAPÍTULO 12

INTELIGÊNCIA ARTIFICIAL APLICADA AO MÉTODO SHIFT® E À GESTÃO COMERCIAL

SHIFT® nasceu para ajudar seres humanos a venderem com método, ética e inteligência. A inteligência artificial (IA) veio para amplificar isso, não para substituir, mas para potencializar.

O uso estratégico da IA aplicada ao método **SHIFT®** permite mais precisão no diagnóstico, propostas mais bem construídas, acompanhamento mais eficiente e gestão preditiva.

Em vez de temer a IA, o vendedor consultivo deve usá-la como braço direito tático.

Quando criei o **SHIFT®**, o objetivo sempre foi claro: ajudar profissionais de vendas B2B a vender com método, com ética e com inteligência. Nunca foi sobre truques de persuasão vazia ou sobre atalhos comerciais de curto prazo. Sempre foi, e continuará sendo, sobre a capacidade humana de diagnosticar, influenciar e construir valor real para o cliente.

Mas o cenário mudou. E segue mudando numa velocidade que desafia até os profissionais mais experientes.

A ascensão da Inteligência Artificial não é mais um fenômeno de laboratório ou uma promessa de futuro. Ela já faz parte da rotina de quem lidera vendas, acompanha clientes e busca resultados comerciais concretos. Ignorar isso é renunciar a uma vantagem competitiva que já é decisiva.

Eu, por exemplo, uso o ChatGPT desde o final de 2022 e posso dizer que sou um *Heavy user*, ou seja, uso intensamente todos os dias. A IA me traz insights, preenche lacunas, analisa dados, propõe texto, imagens, leituras alternativas de contexto, desenha perfis, ideias de clientes a partir do produto, ou seja, me dá uma velocidade que nunca poderia ter imaginado. Hoje, já utilizo diversas outras. Se ainda não usa, recomendo que passe a usar com urgência ou ficará para trás.

Diante de tudo isso, a pergunta que se impõe agora não é se a IA vai transformar as vendas B2B. Ela já transformou e vai continuar transformando, não se engane.

A pergunta real é: como você vai usar a IA a favor do método?

O vendedor consultivo que opera com método, o vendedor **SHIFT®**, não teme a tecnologia. Pelo contrário: ele a incorpora como um braço tático, um copiloto estratégico. Porque sabe que IA sem método é apenas volume de dados sem direção. Assim como o método sem IA, neste momento do mercado, pode significar perda de velocidade, de precisão e de capacidade de análise em escala.

A IA não veio para substituir o vendedor. Veio para amplificar a inteligência comercial de quem já tem uma base sólida de processo e de abordagem consultiva. Ela não elimina o papel humano no diagnóstico, na escuta ativa, na leitura de contexto ou na negociação ética. Mas ela permite algo que antes era inviável em termos de tempo e recursos: **personalizar em escala, diagnosticar com mais profundidade, acompanhar com mais ritmo e gerar inteligência de gestão com maior previsibilidade.**

Ao longo deste capítulo, vamos explorar como a Inteligência Artificial pode se acoplar a cada fase do **SHIFT®**:

- Desde a análise de situação prévia,
- Passando pela hierarquia da dor e identificação do interesse real,
- Até o *framing* da proposta e o *timing* estratégico de abordagem.

Vamos ver também como líderes comerciais podem usar a IA para transformar dados brutos em insights para coaching, treinamento e gestão preditiva.

E tenho algo muito claro na minha mente: a IA não vai roubar o lugar de quem tem método.

Ela só vai expor, **com mais velocidade e mais crueldade**, quem ainda insiste em trabalhar no improviso.

O vendedor **SHIFT®** que souber usar a IA de forma inteligente vai vender mais, com mais margem, com mais assertividade e com menos desperdício de energia.

Não somos nós ou a IA, somos nós com método, potencializados por ela.

E isso muda o jogo. De verdade.

Onde a IA Pode se Acoplar ao **SHIFT®**?

1. S – Situação

Uso de IA para pesquisa prévia do cliente e do setor:

- Ferramentas como ChatGPT ou outras IA's e mecanismos de *scraping*. (Verifique a legalidade antes de usar e tenha atenção à LGPD) estruturado, permitem levantar dados em segundos sobre o cenário atual do cliente.

→ Exemplo: "Explique o momento atual do setor de distribuição hospitalar no Brasil com base nas últimas notícias e tendências."

2. H – Hierarquia da dor

IA pode ajudar a formular perguntas inteligentes de diagnóstico, baseadas no setor, no cargo e no perfil do cliente.

Pode também sugerir técnicas de escuta ativa, ou até fazer o papel de cliente em simulações internas.

→ Exemplo: "Me dê cinco perguntas de implicação para uma empresa que sofre com turnover de equipe comercial."

3. I – Interesse real

Análise de transcrições de reuniões com IA (por voz ou texto) para detectar palavras-chave de engajamento, hesitação ou sinal verde.

Ferramentas como Fathom, Otter e Rewatch já fazem isso com elegância.

Abaixo um quadro com essas ferramentas e mais algumas:

Ferramenta	Foco principal	Melhor para...
Fathom	Resumo de reuniões com IA	Vendas, consultorias, gestão de equipes
Otter.ai	Transcrição e anotações colaborativas	Projetos, educação, entrevistas, reuniões
Rewatch	Biblioteca de vídeos com busca inteligente	Cultura organizacional, *onboarding*, compliance
Fireflies.ai	Captura e análise de reuniões com *follow-ups* automáticos	Times de vendas, CS, reuniões internas
Grain	Captura de trechos-chave e storytelling	Compartilhar insights de reuniões, times de produto
tl;dv	Destaques automáticos e gravação integrada ao Meet/Zoom	Agências, startups, times remotos

Figura 15 – Quadro de ferramentas.

Fonte: Elaborado pelo autor.

Insight: A IA pode sinalizar que um cliente mencionou cinco vezes "problema de previsibilidade", o que aponta o real interesse por soluções de *forecast*.

4. F – *Framing* da proposta

IA como copiloto para estruturar a proposta comercial com base no diagnóstico e nas prioridades do cliente.

Criação de versões alternativas, ajustadas ao perfil decisório (financeiro, técnico, operacional).

IA também pode sugerir analogias, metáforas e Nudges linguísticos.

→ Prompt: "Escreva uma proposta comercial clara, objetiva e com gatilhos de autoridade e segurança, para um hospital privado preocupado com desperdício de materiais."

5. T – *Timing* estratégico

IA como apoio ao planejamento de *follow-ups* inteligentes, com base em comportamento do cliente, sazonalidade e jornadas anteriores.

→ Exemplo: "Sugira um cronograma de abordagem para um decisor que demonstrou interesse, mas não respondeu à proposta enviada há 10 dias."

IA aplicada à Gestão Comercial

SHIFT® exige ritmo e inteligência de acompanhamento. A IA permite transformar dados soltos em inteligência para líderes comerciais.

1. CRM com IA integrada

- Geração automática de resumos de reuniões.
- Previsão de fechamento com base em histórico e padrão de avanço.
- Classificação automática da qualidade dos diagnósticos inseridos no sistema.

2. Painéis de gestão com insights

Ferramentas como Power BI, Tableau, Ploomes ou *dashboards* integrados com IA podem:

- Identificar vendedores que negligenciam o SPIN.
- Sugerir ações de coaching com base em queda de indicadores.
- Correlacionar tempo médio de negociação com resultado.

3. Gestão de treinamento

IA pode montar planos de capacitação personalizados, com base em *gaps* detectados nos indicadores.

Exemplo: vendedor A precisa reforçar negociação; vendedor B precisa evoluir em *framing* de proposta.

Exemplo:
Desafio: os vendedores relatavam não ter tempo para preencher o CRM, e os líderes não conseguiam fazer *coaching* com base em dados. Imagine, vendedor que não preenche CRM, isso não existe. Puro sarcasmo.

Solução:
Implantação de gravação de reuniões com transcrição e resumo automático por IA (Fathom).

Conexão com CRM para geração automática de oportunidades e preenchimento de campos SPIN.

Implementação de prompts de *coaching* para líderes com base no estágio da oportunidade.

Eu sei que isso pode ser muito distante para boa parte das organizações, mas são possibilidades reais e estão cada vez acessíveis.

Resumindo, a IA não rouba seu lugar, ela expõe quem não tem método.

- O vendedor **SHIFT®** não compete com a IA, colabora com ela. Usa a máquina para mapear, organizar, sugerir e prever, mas mantém o mais importante sob domínio humano: a escuta, a empatia e a negociação ética.
- O método **SHIFT®** nasceu para o humano. A IA serve ao humano que tem método.

CAPÍTULO 13

SHIFT® PARA PRÉ-VENDAS E SDRS: COMO QUALIFICAR COM PROFUNDIDADE? INDO ALÉM DE APENAS MARCAR REUNIÃO

No modelo **SHIFT®**, a pré-venda deixa de ser uma simples etapa operacional para se tornar uma função estratégica e determinante no sucesso de toda a jornada comercial. É, literalmente, a primeira impressão da aplicação do método.

Quando a pré-venda é mal conduzida, não apenas se desperdiçam oportunidades, como também se perde tempo, energia e credibilidade. Por outro lado, quando bem-feita, ela acelera o funil, melhora a qualidade das conversas comerciais e posiciona, desde o início, o vendedor como um consultor estratégico, não como alguém que simplesmente quer "empurrar uma reunião".

Aplicar o **SHIFT®** na pré-venda significa qualificar de forma muito mais inteligente e profunda. Significa entender que pré-venda não é sobre empilhar reuniões na agenda — **é sobre colocar na mesa apenas conversas que realmente fazem sentido para ambas as partes.**

É aqui que os elementos do **SHIFT®** começam a aparecer com força: escuta consultiva, clareza de interesses, condução ética e geração de valor antes mesmo da proposta existir.

Para isso, ferramentas como ***playbooks*** **com perguntas baseadas no SPIN**, roteiros com **gatilhos de valor bem construídos** e checklists de **qualificação real** são fundamentais.

E é justamente na qualificação que muitos deixam a desejar. Modelos tradicionais como **BANT** e **ANUM** são úteis, mas, sozinhos, muitas vezes são insuficientes no mundo atual. O BANT, com foco inicial em orçamento, funciona bem em vendas mais estruturadas, onde há verbas previamente definidas. Já o ANUM, que prioriza autoridade, é mais adequado em vendas políticas, com múltiplos decisores e ciclos longos.

Ambos ajudam, mas dentro do **SHIFT®**, a lógica é ir além: é entender não só se existe verba ou autoridade, mas também **se há uma dor real, um contexto que faça sentido e um problema que justifique aquela conversa evoluir.**

Por isso, no **SHIFT®**, **SDR não é marcador de reunião. É o primeiro vendedor consultivo do processo**. É alguém que atua com responsabilidade, escuta ativa e intenção clara de filtrar, qualificar e, principalmente, **gerar valor desde o primeiro contato.**

Quando a pré-venda é feita dessa forma, o funil fica mais limpo, a conversão em reuniões qualificadas sobe drasticamente, e a percepção do cliente sobre quem está do outro lado muda completamente.

Pré-venda no SHIFT® não é sobre acelerar a agenda. É sobre acelerar negócios que realmente fazem sentido.

Aplicando o SHIFT® na pré-venda

A aplicação tática da filosofia SHIFT® na etapa de abordagem e qualificação: Evita desperdício de agenda, aumenta conversão em reuniões de valor e fortalece a autoridade do consultor desde o primeiro contato.

Ferramentas que ajudam:

- *Playbooks* com perguntas SPIN adaptadas para SDRs.
- Scripts com gatilhos de valor.
- Checklist de qualificação real (não só BANT ou ANUM).

BANT

Criado pela IBM, o modelo BANT avalia:

Letra	Significado	Palavras-chave
B	***Budget*** **(Orçamento)**	Essa empresa tem verba para investir nessa solução?
A	***Authority*** **(Autoridade)**	A pessoa tem poder de decisão ou é influenciadora?
N	***Need*** **(Necessidade)**	Existe uma dor real que seu produto pode resolver?
T	***Timing*** **(Prazo)**	O cliente quer ou precisa resolver isso agora?

Figura 16 – Tabela BANT.

Fonte: Elaborado pelo autor.

Quando usar: Em vendas complexas ou com múltiplos decisores — ajuda a priorizar *leads* com chance real de conversão.

ANUM

Criado como uma evolução do BANT, o ANUM coloca **autoridade no topo**, partindo do princípio de que **sem a pessoa certa, nada avança**.

Letra	Significado	Foco
A	***Authority*** **(Autoridade)**	Falo com quem decide ou com quem influencia?
N	***Need*** **(Necessidade)**	Existe um problema claro que precisa ser resolvido?
U	***Urgency*** **(Urgência)**	Há pressão por resolver isso logo ou pode esperar?
M	***Money*** **(Dinheiro)**	Há verba alocada para isso ou não está orçado?

Figura 17 – Tabela ANUM.

Fonte: Elaborado pelo autor.

Quando usar: Em vendas com muitas camadas hierárquicas ou quando o ciclo tende a ser travado por falta de autoridade ou prioridade.

Resumo comparativo

SDR não é marcador de reunião. É o primeiro vendedor **SHIFT®**. E deve agir como tal: com escuta, intenção e responsabilidade.

Modelo	Foco inicial	Melhor uso
BANT	Orçamento	Vendas estruturadas com verbas já definidas
ANUM	Autoridade	Vendas políticas ou ciclos longos

Figura 18 – Tabela comparativa BANT vs ANUM.

Fonte: elaborado pelo autor.

Prospecção Estratégica na Era do SHIFT®

"Prospecção, no SHIFT, não é sobre perseguir. É sobre perceber."

Vivemos uma era de saturação: caixas de entrada lotadas, convites irrelevantes, *cold calls* desatualizados e propostas que não nascem do entendimento, mas da ansiedade de bater metas. Neste contexto, procurar clientes se tornou um ato reativo, quase desesperado. Mas no **SHIFT®**, vender não começa com uma lista. Começa com uma intenção.

Se tem um tema que, ao longo da minha carreira, sempre gerou tensão em operações comerciais B2B é a prospecção.

Não importa o segmento, o tamanho da empresa ou o perfil da equipe. O desafio é recorrente: **chegar nas pessoas certas, na hora certa, com a abordagem certa e ser ouvido.**

O que vejo, repetidamente, são times que confundem atividade com produtividade. SDRs sobrecarregados de cadências automatizadas, vendedores fazendo *cold calls* genéricas, e caixas de entrada dos decisores lotadas de mensagens que não geram conexão nem valor.

O resultado é previsível: Ciclo de vendas inflado, conversões em queda e uma percepção crescente, por parte do mercado, de que aquele vendedor é apenas mais um tentando empurrar uma solução.

Foi exatamente por viver isso de perto, liderando times comerciais em diferentes mercados e cenários econômicos, que construí a abordagem de prospecção dentro do **SHIFT®**. Porque a questão central é simples, mas fundamental: prospecção ruim não é só ineficiente. Ela é destrutiva. Ela desgasta a marca, mina autoridade e cria resistência emocional nos clientes antes mesmo da primeira conversa real.

No **SHIFT®**, a prospecção não começa com uma lista. Começa com uma intenção clara: identificar onde, de fato, existe potencial de transformação mútua.

Não buscamos apenas quem pode pagar. Buscamos quem está em movimento. Quem tem uma dor real, um contexto de mudança, um momento estratégico que justifique a abertura de uma conversa de valor.

Alguns leitores podem pensar "mas isso é utópico", "você está viajando", "isso não funciona". Tem todo o direito, cada um traz para si o que acredita ser seu potencial ou seu limite.

O fato é, o velho modelo de volume por volume, de "quanto mais ligações melhor", de "enche o funil e vê o que sobra", em B2B e alta complexidade sempre foi ruim, porque sempre foi a estratégia errada, mas, mesmo o B2B para produtos e serviços mais simples, tem sofrido bastante, não funciona mais. Ele só amplia o ruído.

A questão é que no cenário atual, não apenas no B2B, o problema não é mais falta de informação. É o excesso dela, excesso de abordagens irrelevantes. Eu mesmo recebo quase todo dia alguém querendo me vender algo no LinkedIn. O Pior é o discurso desconexo ao tentarem fazer um ABM. Estou lendo isso agora, enquanto escrevo, uma abordagem de alguém que disse que gostou de um conteúdo meu sobre autenticidade nas redes sociais e, na sequência, diz que atua com sucessão e diversificação de ativos. Olha, gostei de seu conteúdo sobre redes, que tal conversarmos sobre sucessão e diversificação de ativos? O quê? Não tem relação com coisa alguma. E isso é quase todo dia. As caixas lotam com essas mensagens desconexas. Fujam disso! Deem um **SHIFT®**!

O que proponho com o **SHIFT®** é um reposicionamento radical da prospecção: De um processo de caça por volume para um processo de curadoria por inteligência; de um exercício de insistência para um exercício de percepção; de uma corrida por *leads* para uma jornada de criação de valor desde o primeiro contato.

E digo isso com propriedade. Ao migrar para essa abordagem, reduzirá drasticamente o número de interações iniciais, mas irá multiplicar a taxa de conversão em reuniões de qualidade. Menos contatos, mais negócios. Mais respeito ao cliente, mais autoridade de marca.

O vendedor **SHIFT®** entende que cada contato é uma construção de percepção. Que cada e-mail enviado, cada ligação feita, cada convite para conversa, é uma oportunidade, ou para abrir um canal de confiança, ou fechar portas para sempre.

Ao longo deste capítulo, vou detalhar como estruturar a pré-venda dentro da lógica do **SHIFT®**:

- Como identificar os sinais corretos de movimento nos clientes.
- Como filtrar com inteligência, usando critérios que vão além de cargo e segmento.
- Como aplicar influência ética desde o primeiro contato.
- Como preparar SDRs e vendedores para atuarem como os primeiros consultores da jornada, e não como disparadores de mensagens.

A prospecção estratégica que propomos aqui parte de outro princípio:

- **Você não está procurando alguém para empurrar sua solução.**
- **Você está procurando quem esteja pronto para fazer um SHIFT®.**

A falência da prospecção tradicional

A velha lógica era simples: quanto mais contatos, maiores as chances de conversão. Mas ela ignora uma variável crítica: o impacto da má abordagem.

Cada contato genérico prejudica sua marca.

Cada abordagem sem contexto destrói autoridade.

Cada tentativa desesperada cria resistência emocional.

Prospecção em massa é antagônica à construção de confiança

SHIFT® *Signals* (Sinais): quando vale a pena iniciar uma conversa

Em vez de mirar "quem pode pagar", o profissional **SHIFT®** observa quem está em movimento. Sinais de que uma empresa, ou seu decisor, está diante de uma inflexão.

Exemplos:

- Mudança de liderança ou expansão recente.
- Nova rodada de investimentos.
- Reestruturação ou aquisição.
- Publicações que denunciam uma dor (ex: "Estamos buscando otimizar...").
- Participações em eventos de inovação ou transformação.
- Leitura de relatórios de resultados ou sustentabilidade.
- Notícias na mídia.

Esses são momentos propícios ao diálogo consultivo. Você não interrompe, você entra no fluxo de uma mudança já iniciada.

Prospecção como curadoria e não como funil

O vendedor SHIFT não dispara, seleciona.

Ele atua como curador de valor: examina quem se beneficiaria de verdade com a sua solução e, mais do que isso, com sua perspectiva.

Esse processo exige três filtros:

- Alinhamento de visão de mundo.
- Momento estratégico.
- Potencial de transformação conjunta.

A lógica é simples: **se não houver potencial de impacto mútuo, não vale nem o contato.**

Qual o problema disso? O nível de preparação do profissional alocado para esta atividade. Aqui, o desafio é de natureza cognitiva e estratégica. O profissional precisa ser capaz de interpretar contextos, ler nas entrelinhas, conectar informações de fontes diferentes e fazer inferências relevantes sobre o momento da empresa-alvo e seus decisores. Isso demanda não só conhecimento de mercado, mas também capacidade analítica, inteligência emocional e uma visão clara do posicionamento da própria oferta.

Ignorar esse fator crítico é comprometer toda a lógica do modelo. Se o profissional não consegue perceber os sinais corretos ou avaliar o real potencial de transformação conjunta, o risco é alto: abordagem em momentos errados, contato com perfis desalinhados, perda de credibilidade e desgaste da marca no mercado. Além disso, um interlocutor despreparado pode transformar uma oportunidade genuína de conversa consultiva em mais um contato genérico, vazio e desinteressante. Nesse modelo, cada interação conta e cada aproximação tem um custo de reputação.

Portanto, o nível de preparo não é um detalhe operacional, é uma variável estrutural de sucesso. Não dá para relevar. Profissionais alocados nessa etapa precisam de formação contínua, exposição a cases reais, repertório de negócios e, principalmente, autonomia para tomar decisões sobre quem abordar e como iniciar a conversa. Caso contrário, o que era para ser uma estratégia sofisticada de geração de valor vira apenas mais uma sequência de tentativas aleatórias, sem conexão com o que realmente move o cliente.

No universo **SHIFT®**, onde a prospecção é entendida como curadoria e não como disparo em massa, talvez não faça mais sentido ter 10 SDRs ganhando R$ 2.500, repetindo abordagens padronizadas e tratando *leads* como estatísticas.

Pode fazer muito mais sentido ter 5 profissionais ganhando R$ 5.000, desde que eles sejam, de fato, analistas estratégicos de conexão, com repertório, senso crítico e capacidade de julgamento.

O raciocínio é direto: qualidade substitui volume quando o jogo é de confiança e não de insistência. Ter menos pessoas, mas com maior qualificação, permite um modelo de abordagem mais profunda, com análise de contexto, personalização real da mensagem e construção de um ponto de vista consultivo desde o primeiro contato. Isso muda completamente a natureza da função. O SDR deixa de ser um agendador e passa a ser o primeiro vetor de valor da organização. É ele quem dá o tom da conversa, quem legitima o contato e quem precisa reconhecer se há, de fato, potencial para um relacionamento comercial.

Além disso, a matemática também se sustenta: um time enxuto e bem-preparado, reduz o retrabalho, melhora a conversão por contato e gera menos desgaste para o time de vendas pleno, que passa a receber *leads* mais qualificados, com histórico de interação mais rico e um nível de consciência superior. O resultado é um pipeline mais enxuto, mais efetivo e com possibilidade de margens melhores. Aumenta-se o custo por profissional, sim, mas dilui-se o custo por oportunidade real, que é o que de fato importa.

No **SHIFT®**, não há espaço para desperdício de energia nem de atenção. Profissionais sub qualificados, mesmo em grande número, não sustentam uma abordagem baseada em sinais. Pelo contrário: diluem a força da narrativa e esvaziam a percepção de autoridade que a marca precisa transmitir. Por isso, a transformação da prospecção passa também por uma transformação do perfil de quem a executa. E isso começa com uma decisão estratégica: investir em menos pessoas, mas com mais preparo, mais repertório e, principalmente, mais capacidade de discernir, para **saber quando vale e quando não vale iniciar uma conversa**.

Obviamente, isso é sempre uma escolha e, mudar tudo de uma hora para outra, não é o que se quer. Mas testar as opções faz muito sentido, não acha?

Influência ética desde o primeiro contato

A Teoria do Nudge ensina que micro escolhas importam. A forma como estruturamos um e-mail, o tom de uma mensagem, o momento de uma ligação, tudo isso molda a experiência.

Na prospecção, podemos aplicar Nudges éticos como:

- *Framing* de contexto: "Li que vocês acabaram de..."
- Curiosidade com propósito: "Já atuamos em conjunto com organizações que passaram por mudanças como essa"
- Ancoragem em valor, não em produto: "Gostaria de compartilhar uma visão que talvez ajude a ampliar suas opções."

Você não vende, você convida para pensar.

SHIFT® é seleção, não volume

Essa abordagem pode parecer menos "produtiva" à primeira vista. Mas ela elimina o desperdício, protege a autoridade do vendedor e cultiva um pipeline saudável, feito de relações, não apenas de *leads*.

A prospecção, no **SHIFT®**, é o início de uma jornada consultiva.

Se feita com atenção e respeito, ela já inicia a transformação.

Em resumo: **Estrutura – Pré-venda no SHIFT®**

1. Por que a pré-venda tradicional não funciona mais?

- Foco em quantidade, não em qualidade.
- Agendas cheias, mas com reuniões que não avançam.
- Perda de tempo, desgaste e percepção de venda vazia ou forçada.

2. Pré-venda como filtro inteligente, não como empilhamento de reuniões

- Avaliar quem realmente tem contexto, dor e alinhamento.
- Qualificar com base em interesse real, urgência e potencial de transformação.
- Uso inteligente de modelos como BANT, ANUM e, principalmente, das perguntas consultivas do **SHIFT®**.

3. Posicionamento e influência desde o primeiro contato

- O *framing* da conversa importa: como você se apresenta e conduz a abordagem define a percepção do cliente.
- Mostrar valor antes de pedir atenção, gerar curiosidade, relevância e conexão genuína.
- Influência ética (Nudge aplicado): ajudar o cliente a perceber que faz sentido continuar a conversa.

4. O papel da preparação: SDR é o primeiro consultor da jornada

- Estudar a empresa, entender contexto, mapear desafios prováveis.
- Entrar na conversa com perguntas inteligentes e hipóteses bem formadas.

- Pré-venda que gera valor desde o primeiro "olá" e posiciona toda a empresa de forma mais forte e consultiva.

A Arte da Abordagem no SHIFT®

"Conquistando o sim que importa: A conversa que começa antes da reunião"

Essência: A abordagem não serve para empurrar uma agenda, mas sim para conquistar o direito de conversar com alguém que você genuinamente acredita poder ajudar. A reunião não é um "*pitch*", é uma exploração conjunta de caminhos.

Estrutura:

- A reunião como troca de valor, não como favor.
  - Você oferece perspectiva, não uma apresentação de slides.
- Arquitetura de uma abordagem que respeita o tempo do outro.
  - Abertura baseada em contexto e personalização real.
  - Proposta de conversa com promessa clara de valor.
- SPIN em modo semente: como levantar hipóteses sem parecer invasivo.
- Exemplos de abordagens modernas com impacto (LinkedIn, e-mail, eventos).

"Conseguir uma reunião não é o objetivo. É a primeira evidência de que você entregou valor, antes mesmo de falar."

No mundo das vendas consultivas, marcar uma reunião não é um evento operacional, é uma troca simbólica. O cliente abre espaço em sua agenda, sua mente e sua estratégia. E ele só faz isso quando sente que do outro lado há algo mais que um *pitch*: há perspectiva.

Por isso, no **SHIFT®**, a abordagem não se limita a "pedir um horário". Ela é uma intervenção leve e ética, que provoca pensamento e estabelece autoridade sem arrogância.

A abordagem como entrega, não como pedido

A maioria das abordagens falha porque parte da lógica de escassez:

- "Tenho uma solução que vai transformar sua empresa."
- "Gostaria de 15 minutos do seu tempo."
- "Posso te apresentar algo inovador."

Essas frases não criam valor — elas criam resistência. Além de serem repetidas incansavelmente pela maior parte dos vendedores. Todos oferecem isso. Tudo muito parecido e muito cansativo para quem recebe.

No **SHIFT®**, você não pede tempo, você oferece perspectiva. Você entrega algo que já justifica a atenção:

- Um insight de mercado.
- Um ponto cego não mapeado.
- Uma leitura de cenário que pode ajudar na tomada de decisão.

O objetivo não é vender a solução. É vender a conversa.

Abordagem orientada por contexto (não por script).

O primeiro contato deve estar ancorado em contexto real e personalizado. A base está em três elementos:

- *Timing*: por que agora é o momento ideal para a conversa?
- Relevância: por que você está falando com essa pessoa específica?
- Contribuição: o que você já está trazendo que possa ajudá-la?

Exemplos (adaptados ao estilo **SHIFT®**):

- "Acompanhamos a evolução da sua unidade de negócios nos últimos trimestres e os indicadores de crescimento são claros. Em operações que escalam nessa velocidade, é comum surgirem desalinhamentos entre área comercial e entrega, impactando previsibilidade e margem. Tenho estudado casos recentes de empresas que enfrentaram esse mesmo cenário. Vale aprofundarmos essa conversa."
- "Com a mudança na direção comercial, é natural que as estratégias de abordagem ao mercado estejam sendo revistas. Nossa experiência em cenários similares mostra que este é o melhor momento para reavaliar ICP, posicionamento e rituais de diagnóstico consultivo. Posso trazer *benchmarks* objetivos que ajudam a acelerar esse processo com menos desperdício de energia comercial."
- "A nova rodada de investimentos cria uma dinâmica previsível: a expectativa por crescimento acelerado de receita em ciclos curtos. O desafio é estruturar o time comercial e os processos de abordagem para responder a essa pressão com consistência, sem renunciar à margem e

qualidade de pipeline. Temos trabalhado exatamente com esse perfil de desafio nos últimos meses."

SPIN como semente: perguntas que já ativam reflexão

Mesmo sem entrar no diagnóstico completo, é possível usar perguntas SPIN na abordagem:

- Situação: "Como vocês estão lidando com a pressão por resultados com menos *headcount*?"
- Problema: "Muitas empresas do seu setor relatam perda de previsibilidade comercial. Isso também tem afetado vocês?"
- Implicação: "Como a persistência deste cenário tem impactado a tomada de decisão em relação ao futuro da organização?"

No meu caso, busquei sempre entender de que maneira posso levar algo novo, imaginar o que poderia causar impacto, apresentar uma ideia, um modelo que leve o interlocutor a também imaginar a possibilidade de resolver ou ampliar algo, trazer mais resultados, seja reduzindo custos o incrementando receita.

Essas perguntas ou apresentação de ideias já elevam o nível da conversa antes da reunião existir. Elas reposicionam você, de vendedor, para aliado pensante.

Nudges que ajudam a abrir a porta, com respeito

Ao incorporar elementos da ciência comportamental na abordagem comercial, o cuidado ético não é apenas uma escolha, é obrigação. Influenciar não é manipular. É conduzir o decisor a uma reflexão mais qualificada, ajudando-o a considerar alternativas que, por excesso de ruído ou por sobrecarga cognitiva, ele poderia não enxergar sozinho.

No contexto do **SHIFT®**, o uso de Nudges serve para criar tração cognitiva e emocional na jornada de decisão. Não para forçar. Não para pressionar. Mas para facilitar o processo de tomada de decisão, sempre com base em valor real e com respeito à inteligência do cliente.

Aqui, a sutileza é tão importante quanto a intenção. E quando bem aplicados, esses micro estímulos geram impacto real na disposição do cliente para o diálogo.

Abaixo, exemplos práticos de como aplicamos isso no campo, com clientes reais, em cenários B2B complexos:

- "Nas últimas semanas, tivemos conversas estruturadas com três empresas do seu setor, todas enfrentando desafios semelhantes no alinhamento entre diagnóstico comercial e execução de proposta de valor. Esse movimento nos trouxe aprendizados importantes que podem ser úteis no seu contexto." (O foco aqui não é criar efeito manada, mas mostrar que o tema é pertinente, atual e em discussão em organizações do mesmo porte e segmento.)
- "Estamos compartilhando um estudo que acabamos de concluir sobre os principais erros na qualificação de oportunidades em vendas B2B. Por uma questão de relevância, estamos restringindo o acesso apenas a empresas que estão passando por processos de transformação comercial. Acredito que o material possa trazer insights aplicáveis à sua realidade." (A ideia não é criar uma urgência artificial, mas proteger o valor da informação e reforçar que ela está sendo compartilhada de forma criteriosa.)
- "Minha sugestão é marcarmos uma conversa objetiva de 20 minutos, com foco exclusivo em entender se existe aderência entre o que temos desenvolvido e o momento atual da sua operação. Se em qualquer momento você entender que não faz sentido continuar, encerramos a conversa ali". (Isso reduz a barreira de entrada para o cliente, ao mesmo tempo, em que posiciona o vendedor como alguém que respeita o tempo e o processo de decisão do interlocutor.)

Esses elementos não manipulam. Eles facilitam a escolha.

A aplicação de Nudges no **SHIFT®** não é um exercício de persuasão vazia. É uma ferramenta de arquitetura de escolha orientada por ética, método e foco na criação de valor mútuo.

Influenciar o cliente a refletir, considerar e avançar na jornada de decisão é parte da responsabilidade do vendedor consultivo. Mas sempre com um princípio central: o respeito absoluto à autonomia de decisão do cliente.

SHIFT® é conversa de igual para igual.

A verdadeira conquista não é marcar uma reunião. É que ela aconteça sem resistência, sem desconfiança e sem hierarquia velada. É um encontro entre dois profissionais que têm algo importante para explorar.

No **SHIFT®**, essa conversa começa muito antes do convite formal. Ela começa quando o cliente percebe que você já chegou com algo relevante.

CAPÍTULO 14

SHIFT® NO MUNDO DIGITAL: COMO VENDER EM AMBIENTES HÍBRIDOS E ONLINE?

O **SHIFT®** é absolutamente aplicável no contexto digital e, na verdade, torna-se ainda mais necessário quando não há espaço para leitura corporal, conversas presenciais e interação física.

Se existe um erro recorrente que vejo no mercado hoje, é a ideia de que vender no mundo digital exige um "novo método" ou que a venda consultiva perde sua força quando a interação migra do presencial para o online. Isso é um equívoco conceitual grave.

O problema não está no canal. Está na incapacidade de muitos profissionais de adaptar a profundidade da abordagem ao contexto virtual sem perder consistência, método e foco no cliente.

O **SHIFT®** não só é aplicável ao ambiente digital. Ele é ainda mais necessário nesse cenário. Por que, quando você perde os recursos da linguagem corporal, da leitura de micro-expressões e do poder da presença física, o que sobra como diferencial? Método, inteligência relacional e capacidade de estruturar cada etapa da venda com clareza, objetividade e influência ética. Lembrando ainda que boa parte das interações iniciais ocorre no mundo digital. Ou seja, o digital já está inserido no contexto faz tempo, mais ou menos intensivo em um segmento ou outro, mas está.

O SPIN no digital: diagnóstico sem superficialidade

A superficialidade é a armadilha número um das interações digitais. Perguntas rasas, e-mails genéricos, reuniões online sem roteiro, mensagens por WhatsApp sem contexto, tudo isso mata a qualidade do diagnóstico antes mesmo de começar. E acredito que a grande vilã é a tão desejada escala. O fato, como também já abordei anteriormente, é que isso é aplicável apenas para uma parte desse mundo B2B e, mesmo assim, o total desse mercado não chega a 5% do total de transações, como apresentei logo início desse livro. Aqui vale uma pausa para uma nova análise do mercado B2B brasileiro. Veja alguns outros números.

Total de empresas ativas no Brasil (Abril 2025)

- **Total de empresas ativas: 23.135.466** (Fonte: Mapa de Empresas – 1º Quadrimestre/2025)

Classificação por porte	Quantidade	% do total
MEI (Microempreendedor Individual)	15.845.648	68,49%
Microempresa (ME)	5.626.405	24,32%
Empresa de Pequeno Porte (EPP)	980.647	4,24%
Demais (Médias e Grandes Empresas)	682.766	2,95%
Total	**23.135.466**	**100,00%**

Figura 19 – Empresas ativas no Brasil.

Fonte: Elaborado pelo autor, com base em Brasil. Ministério da Economia. *Mapa de Empresas – Boletim do 1º Quadrimestre de 2025*. Disponível em: https://www.gov.br/empresas-e-negocios/pt-br/mapa-de-empresas/boletins/mapa-de-empresas-boletim-1o-quadrimestre-2025-pdf.pdf. Acesso em: [15/06/2025].

Distribuição por setor econômico

Distribuição por Setor de Atividade Econômica (CNAE Principal)	% sobre total de empresas
Comércio e reparação de veículos	34,80%
Serviços administrativos e outros serviços	22,30%
Construção	12,50%
Indústrias de transformação	6,30%
Atividade profissionais, científicas e técnicas	5,10%
Transporte, armazenagem e correio	4,60%
Outros (demais setores menores)	14,40%

Figura 20 – Tabela de distribuição por CNAE principal.

Fonte: Elaborado pelo autor, com base na mesma fonte acima e dados do CNAE.

Estimativa de empresas B2B puras e híbridas

Metodologia de Estimativa: Usando o perfil setorial (CNAE) e características gerais do mercado B2B, o recorte a seguir adota o seguinte critério:

Classificação CNAE	Propensão B2B	Justificativa
Indústria	**Alta (90-100%)**	Indústrias vendem majoritariamente para outras empresas
Serviços administrativos	**Alta (80-90%)**	Ex.: TI, limpeza, empresarial, consultorias
Construção	**Alta (70-90%)**	Empresas de construção e fornecedores vendem para incorporadoras, órgãos públicos, etc.
Transporte / armazenagem	**Alta (70-90%)**	Logística e transporte B2B
Comércio	**Média (40-60%)**	Parte é atacado/distribuição (B2B puro), parte é varejo (B2C), e parte é híbrido

Figura 21 – Tabela com estimativa de empresas B2B puras e hibridas de acordo com perfil setorial (CNAE).

Fonte: Elaborado pelo autor, com base na mesma fonte acima e dados do CNAE.

Uma estimativa do volume de empresas que atuam no B2B (2025)

Tipo de empresa	Volume estimado
Empresas B2B puras	Aproximadamente **6 a 7 milhões**
Empresas híbridas (B2B + B2C)	Entre **2 a 3 milhões**
Empresas majoritariamente B2C (não B2B)	Restante (~13 milhões, majoritariamente MEI e varejo puro)

Figura 22 – Tabela com estimativa do volume de empresas que atuam no B2B.

Fonte: Elaborado pelo autor, com base na mesma fonte acima e dados do CNAE.

Nota: Essa estimativa é uma aproximação conservadora, baseada na sobreposição entre CNAEs com alta propensão ao B2B e o volume total de empresas ativas por setor.

Relembrando, como vimos na parte inicial do livro, o volume do mercado B2B no Brasil (2025) é definido como abaixo:

- Valor anual estimado do mercado B2B no Brasil: R$ 3,2 trilhões (≈25 a 30% do PIB nacional, segundo fontes de mercado como E-Consulting e Infracommerce).

- Participação do B2B Online: Apenas 4,4% das transações B2B ocorrem por canais digitais (e-commerce, marketplaces, etc.). O restante (95,6%) segue via canais offline (vendas diretas, distribuidores, representantes, etc.).

O que esse cenário nos diz é que apostar todas as fichas em um único canal de vendas não é uma decisão estrategicamente inteligente, sobretudo em mercados complexos e de baixa maturidade digital como o B2B brasileiro. A sedução pelo e-commerce e pelos marketplaces B2B é compreensível: a promessa de escalabilidade, a redução aparente de custos de aquisição, a tendência global de digitalização, e a ilusão de que bastará "estar online" para capturar demanda reprimida. No entanto, quando confrontamos esse entusiasmo com os dados reais do mercado, essa narrativa se desfaz como a fumaça que se dissipa no ar.

O Brasil conta hoje com mais de 23 milhões de empresas ativas, das quais aproximadamente 9 milhões atuam direta ou indiretamente no segmento B2B. No entanto, o volume de transações B2B que de fato ocorre em canais digitais ainda é irrelevante: apenas 4,4% do total. Isso significa que mais de 95% de todas as vendas B2B no país continuam acontecendo por meio de canais tradicionais de vendas consultivas, distribuidores, representantes comerciais, negociações offline e redes de relacionamento. Ou seja, enquanto a discussão pública gira em torno de transformação digital, a realidade é que o B2B brasileiro ainda é majoritariamente analógico.

A concentração de transações digitais em um número reduzido de players evidencia ainda mais a armadilha estratégica de limitar-se ao e-commerce B2B. Os grandes marketplaces e plataformas digitais disputam ferozmente um espaço minúsculo, promovendo guerras de preços, erosão de margem e uma corrida insustentável por tráfego pago e cliques cada vez mais caros. De acordo com algumas fontes, pode ser pesquisado livremente na internet, o CPC médio teve uma variação média de mais de 200% em dólar, isso nos últimos 5 anos. Empresas que operam exclusivamente nesse canal enfrentam um ambiente de competição cada vez mais intenso, onde o diferencial é raramente a solução ou o valor agregado ao cliente, mas quase sempre o preço mais baixo ou o prazo de entrega mais curto. Para a grande maioria das empresas B2B, especialmente médias e pequenas, esse jogo é estruturalmente desfavorável.

Esse cenário de concentração digital e baixa penetração online está diretamente conectado ao alto índice de insucesso no alcance das metas de vendas do setor. Em pesquisa recente da RD Station, mostra que 73% das empresas B2B brasileiras não atingiram suas metas de vendas nos últimos ciclos.

O que parece um problema de *leads* ou de conversão é, na verdade, reflexo de algo mais profundo: a perda de eficiência comercial. Um modelo que já não consegue se adaptar aos novos comportamentos de compra, seja no online ou no offline. O resultado? *Leads* escassos, ciclos longos e uma previsibilidade de receita que simplesmente não existe mais.

O problema se agrava quando a escolha estratégica é concentrar todos os recursos justamente no canal que representa a menor fração do mercado e o maior grau de competição. Apostar exclusivamente no e-commerce B2B ou em marketplaces é, na prática, renunciar a 95% das oportunidades disponíveis no mercado. É ignorar o potencial das vendas consultivas, das parcerias comerciais, das estratégias multicanais e do relacionamento humano, ainda fundamentais no contexto brasileiro. O resultado provável dessa decisão isolada é o aumento do CAC, a queda de margens e o não atingimento das metas de crescimento, replicando e até ampliando o problema já diagnosticado pela RD Station.

É justamente nesse contexto que o **SHIFT®** se apresenta como um modelo de transformação comercial com capacidade real de reverter esse quadro. O método não se limita a um canal ou a uma moda passageira. Ele é uma metodologia sistêmica que integra diagnóstico profundo, ajuste de ofensores da receita, fortalecimento da liderança de vendas e ativação de múltiplos canais comerciais, sejam eles online ou offline. O **SHIFT®** promove a formação continuada do time de vendas, o redesenho de processos críticos e a implementação de um modelo de gestão focado em desempenho sustentável e previsível. Em vez de apostar todas as fichas em uma fatia estreita de mercado, o **SHIFT®** ajuda as organizações a conquistarem espaço em todo o espectro de oportunidades disponíveis no B2B brasileiro, ampliando sua capacidade de gerar demanda, converter clientes e crescer de forma saudável.

Achei importante essa pausa para falarmos do mercado mais uma vez. Reforçar o risco de atuar em apenas uma frente e alertar sobre as inúmeras possibilidades que está deixando na mesa é o meu papel.

Voltando...

O SPIN, dentro do SHIFT®, precisa ser aplicado com ainda mais rigor no digital:

- Situação e Problema: Podem e devem ser antecipados por meio de formulários inteligentes, pesquisas prévias ou pela abertura de uma reunião online já com um *framing* contextualizado. O cliente precisa sentir, desde o início, que você fez a lição de casa.

- Implicação: Aqui, a disciplina é ainda mais importante. Perguntas de implicação feitas em videoconferência ou por e-mail devem ser diretas, sem rodeios, mas com foco total em provocar reflexão estratégica.
- Necessidade: No mundo digital, a necessidade projetada precisa ser tangível e perceptível. Não basta falar de benefícios genéricos. É preciso usar linguagem orientada a impacto: "O que essa solução vai mudar no seu indicador X ou no seu processo Y?"

Negociação online: Harvard com pixel e banda larga

Negociação Online: Harvard com Pixel e Banda Larga" foi uma brincadeira para provocar contraste entre o conteúdo teórico de alto nível (como a metodologia de Harvard para negociação) e a realidade prática da execução no ambiente online (cheio de limitações técnicas e interferências digitais).

Negociar em ambientes digitais é um teste de maturidade comercial.

Sem o espaço físico para criar *rapport* visual, o vendedor **SHIFT®** precisa transferir a qualidade da negociação para o conteúdo das interações.

Isso significa:

- E-mails bem estruturados, que deixam claros os interesses mapeados e os critérios de decisão já discutidos com o cliente.
- Mensagens de WhatsApp com propósito claro, que avancem uma etapa, solicitem uma validação ou sinalizem um próximo passo, sempre com foco consultivo.
- Apresentações comerciais e propostas digitais que já tragam, de forma visual e textual, os elementos centrais da Negociação Harvard: Interesses + Opções + Critérios objetivos

E quando a negociação exige maior sensibilidade, chamada por vídeo não é opcional, é obrigação. Negociar valores, prazos ou condições críticas apenas por texto é abrir espaço para ruído e perda de autoridade comercial.

Nudges digitais: influência ética com inteligência de canal

A influência consultiva no mundo digital passa por saber onde e como provocar movimento.

O vendedor **SHIFT®**, que entende de Nudges sabe usar os canais certos para gerar tração cognitiva sem forçar a decisão.

Exemplos práticos:

- Assuntos de e-mail (*subject lines*) com *framing* de escassez legítima: "Temos até a próxima sexta, conforme alinhamos segundo seu planejamento do Q3."
- Arquitetura de escolha dentro das propostas digitais: Sempre apresentando três cenários de solução (se houver), com destaque visual e textual para a opção mais alinhada ao impacto desejado pelo cliente.
- Prova social estrategicamente distribuída: Depoimentos, cases e resultados compartilhados não apenas no *one-to-one*, mas também em conteúdos digitais como *webinars, e-books, whitepapers* ou mesmo *posts* em redes profissionais.

Ferramentas de suporte ao SHIFT® digital: da automação à personalização

A execução do **SHIFT®** em ambientes digitais exige que o time comercial saiba usar tecnologia como aliada, mas sem perder o elemento humano da venda consultiva.

Ferramentas que reforçam o método:

- CRMs com campos obrigatórios baseados no SPIN:
- Forçando o vendedor a registrar situação, problemas, implicações e necessidades antes de avançar no funil.
- Sequenciadores de e-mail com Nudges programados:

Para garantir cadência inteligente e manter o cliente em fluxo de reflexão.

O desafio de vender no digital não é a distância. É a superficialidade.

O vendedor **SHIFT®** que entende isso adapta o método com rigor, inteligência de canal e disciplina consultiva.

Vender online não é mais desculpa para abordagem rasa.

É o novo campo de jogo onde quem tem método, quem tem *framing* e quem domina a psicodinâmica do cliente continuará influenciando, negociando e fechando, com ou sem sala de reunião física.

Não é o canal que define a qualidade da venda. É a qualidade do vendedor.

E isso, com **SHIFT®**, é inegociável.

Resumo:

SPIN digital:

- **Situação e Problema:** Incluídos em formulários, e-mails inteligentes, ou na abertura de uma reunião online.

- **Implicação:** Pode ser introduzida por perguntas diretas no Zoom, WhatsApp ou via e-mails de provocação consultiva.
- **Necessidade:** Surge ao projetar o benefício, tanto no *pitch* quanto em vídeos ou propostas interativas.

Negociação no digital:

- Harvard aplicada em e-mails, sequências de WhatsApp e documentos de proposta que trazem os critérios objetivos na própria apresentação.
- Chamadas por vídeo são fundamentais para negociações mais sensíveis.

Nudges no digital:

- E-mails com *subject line* que cria escassez ética ("Temos até sexta, em conformidade com seu planejamento").
- Arquitetura de escolha nas propostas digitais, três opções (se houver), sempre destacando o plano mais estratégico.
- Prova social em postagens, e-books e webinários.

Ferramentas de suporte:

- CRMs com campos obrigatórios para SPIN.
- Sequenciadores de e-mail que automatizam Nudges.
- Outros

Antes de avançarmos para o próximo capítulo, que aborda o relacionamento no método **SHIFT®**, convido você a conhecer uma contribuição especial do meu amigo e sócio Mauro Wainstock. Atendendo a um pedido meu, ele compartilha sua visão sobre como uma atuação intencional no LinkedIn pode ampliar a rede de relações, fortalecer a reputação e, consequentemente, gerar novos negócios.

Contribuição Especial – Mauro Wainstock

Mauro Wainstock, entre diversas outras habilidades, é especialista da rede de relacionamento profissional LinkedIn.

SHIFT® no LinkedIn: a construção de autoridade consultiva na era digital.

Em vendas B2B, autoridade não se improvisa. Ela é construída com método, com presença e com consistência. E, no atual cenário digital, o LinkedIn deixou de ser apenas uma vitrine de currículo para se tornar o principal palco dessa construção.

No contexto do **SHIFT®**, vender não é empurrar soluções; é influenciar com ética, escutar com método e conduzir decisões complexas com inteligência.

Essa lógica, que já é central nas interações presenciais, precisa se expandir para o ambiente digital, especialmente para o LinkedIn, a rede onde o tomador de decisão está, pesquisa, aprende e forma suas primeiras impressões.

O que estamos vivendo não é apenas uma digitalização das vendas, mas uma transformação radical na forma como confiança e credibilidade são estabelecidas. Hoje, antes de uma reunião, é comum que o cliente já tenha pesquisado sobre o vendedor, lido seus artigos, acompanhado seus comentários e formado um julgamento preliminar, tudo isso antes da primeira conversa. E esse julgamento pode ser decisivo.

Portanto, não se trata de "usar o LinkedIn". Trata-se de integrar o LinkedIn à jornada consultiva do cliente. O profissional **SHIFT®** entende isso. Ele sabe que autoridade se constrói antes da reunião, que a reputação começa a ser moldada antes do diagnóstico e que a percepção de valor se inicia no conteúdo compartilhado, nas conexões estabelecidas e nas interações realizadas.

Vender com **SHIFT®** no LinkedIn é ter clareza de que cada post é uma proposta de valor. Cada comentário é uma demonstração de escuta ativa. Cada mensagem enviada é uma oportunidade de criar conexão, não de forçar agendamento. E, acima de tudo, é compreender que gerar valor antecede qualquer tentativa de captura de valor.

Vamos explorar como aplicar a mentalidade e os princípios do **SHIFT®** para transformar sua presença no LinkedIn em uma plataforma de influência, autoridade e geração de oportunidades reais. Aqui, o que vale não é a quantidade de conexões, mas a qualidade das conversas que você é capaz de iniciar e sustentar.

O LinkedIn é o novo campo de batalha da influência consultiva. E quem domina esse território domina a atenção do mercado.

Agora, sim, vamos à prática:

Em um cenário de vendas B2B cada vez mais digital, acelerado e competitivo, o LinkedIn transcendeu seu papel inicial de plataforma de networking profissional para se tornar um ecossistema indispensável para a construção de autoridade e a geração de *leads* qualificados.

Para o profissional de vendas, ignorar o potencial do LinkedIn, ou subutilizá-lo, é o mesmo que deixar de lado a principal ferramenta do seu kit: são 85 milhões de profissionais brasileiros conectados! O tomador de decisão do seu futuro cliente certamente está entre eles.

Portanto, não se trata apenas de ter um perfil na rede, mas de transformá-lo em um hub de conhecimento, um poderoso canal para o fortalecimento da sua marca e um impulsionador de oportunidades e negócios.

E as pesquisas corroboram com esta postura: um estudo da International Data Corporation [1](IDC), por exemplo, aponta que 75% dos compradores B2B utilizam as mídias sociais para tomar decisões de compra.

Dados da HubSpot vão além: o LinkedIn se destaca como a plataforma utilizada para 80% dos leads B2B gerados.[2]

A questão não é "se" seus prospects estão no LinkedIn, mas "como" você será encontrado por eles e considerado no momento em que estiverem pesquisando por soluções.

A partir de agora, mergulharemos nas estratégias para alavancar o LinkedIn não apenas como um portfólio digital, mas como uma indispensável ferramenta de construção de autoridade e uma máquina de prospecção, essencial para o sucesso em vendas B2B.

Então, vamos à prática: "o que fazer" em 5 etapas!

Atenção: as ações devem ser executadas necessariamente nesta ordem:

Etapa 1: Otimizar o perfil

Trata-se do seu cartão de visitas digital, sua vitrine 24 horas por dia, 7 dias por semana. Ele vai muito além de um currículo; deve ser um reflexo da sua especialização e do valor que você oferece. Qual é o seu posicionamento? Como você quer ser reconhecido? O que você entrega? Como você pode ser útil? Quais seus principais diferenciais e resultados? Tudo isso deve ser refletido no preenchimento do perfil.

Foto e banner: A primeira impressão é a que fica. Inclua uma foto de rosto atual, bem visível, atrativa e profissional e um banner que reforce sua área de atuação e a proposta de valor da sua empresa.

---

1 **INTERNATIONAL DATA CORPORATION**. *Social buying meets social selling: how trusted networks improve the purchase experience*. Fevereiro de 2014. Estudo mostra que "75% dos compradores B2B e 84% dos executivos C-level/VP utilizam mídias sociais para apoiar suas decisões de compra". Disponível em: https://business.linkedin.com/content/dam/business/sales-solutions/global/en_US/c/pdfs/idc-wp-247829.pdf. Acesso em: 9 ago. 2025.

2 **HUBSPOT**. *LinkedIn drives 80% of B2B social media leads* [relatório]. In: **SEO Sandwitch**, *B2B Inbound Marketing Statistics: 2025 Growth Trends*. Disponível em: https://seosandwitch.com/b2b-inbound-marketing-statistics/. Acesso em: 9 ago. 2025.

Título e resumo: Use palavras-chave que seus clientes potenciais buscariam. Já o "Sobre" é o espaço para você detalhar o texto, explicando seus diferenciais, como pode ajudar seus clientes a resolverem seus problemas e os resultados obtidos. Números importam! É a entrega real que conta; adjetivos ou palavras subjetivas não geram credibilidade. É preciso transmitir segurança e a vivência de cases do passado para impactar os prospects atuais.

Experiência e formação detalhadas: Vá além das descrições básicas. Em cada item, destaque conquistas mensuráveis e como elas poderiam beneficiar seus potenciais clientes.

Recomendações: Peça o depoimento de clientes, colegas de trabalho, parceiros e fornecedores. Clientes satisfeitos são extremamente valiosos em vendas B2B.

Etapa 2: Faça um engajamento inteligente

Na prática, curtidas não têm impacto. Por outro lado, multiplique seus comentários, sobretudo em postagens dos seus prospects.

Ao invés de "Parabéns!" ou "Ótima postagem!", escreva textos que adicionem relevância à discussão. Faça perguntas, compartilhe uma experiência pessoal ou adicione um insight, ou pesquisa. Utilize o seu conhecimento sobre o tema. Isso atrai a atenção de outros profissionais e te posiciona como um especialista que contribui para o debate.

Interaja com conexões-chave e perfis de alto impacto dentro do seu segmento. Isso amplia a sua própria visibilidade e chama a atenção de potenciais clientes, além de ajudar a ampliar o engajamento dos seus próprios posts.

Participe de grupos de discussões online e fóruns específicos da sua área: compartilhe notícias atualizadas sobre o seu setor e ajude os demais membros. Outro dia li uma definição excelente: o mundo é "Co." (Colaborativo, Compartilhado, Coparticipativo, Cooperativo, Coletivo).

Etapa 3: Produção de conteúdo estratégico

A criação de conteúdo é o motor da sua autoridade. Você não deve vender explicitamente, eduque, inspire, ajude e resolva. Isso tem muito mais valor! Algumas sugestões:

Posts reflexivos e instigantes, pesquisas recém-lançadas, opiniões originais são extremamente recomendáveis, assim como infográficos. Vídeos de até um minuto (com legendas) têm um engajamento maior do que outros tipos de conteúdo no LinkedIn. Compartilhar experiências reais torna o texto memorável.

Artigos analíticos: compartilhe insights de mercado, tendências, estudos de caso e dicas práticas. Dê sempre a sua visão profissional, não apenas relate o fato ocorrido.

Frequência: sinto te informar, mas ela é imprescindível! Publicar no mínimo 3 vezes por semana é fundamental. O algoritmo do LinkedIn valoriza a atividade constante.

Etapa 4: Da conexão ao cliente

Quando falamos de prospecção, não se trata de enviar mensagens frias ou padronizadas, mas de construir relacionamentos e oferecer valor antes mesmo de pensar na venda.

Você precisa ser visto como referência, não como vendedor; portanto, mantenha uma conversa genuína. Assim, após a conexão ser aceita, o ideal é enviar uma mensagem personalizada, baseada em alguma sinergia com o profissional. Exemplos: "Acompanhei a sua excelente participação no evento X." ou "Parabéns pelo artigo Y que você publicou."

Pesquisa avançada: utilize filtros para refinar sua busca por cargo, setor, localização, tamanho da empresa e até mesmo palavras-chave no perfil.

LinkedIn *Sales Navigator*: é uma ferramenta que oferece uma série de funcionalidades para cada etapa do processo.

Monitoramento: fique atento às notícias sobre as empresas que você prospecta (fusões, aquisições, novas contratações, lançamentos de produtos). Isso oferece um excelente gancho para iniciar uma conversa.

Etapa 5: Relacionamento sólido se constrói agregando valor de forma frequente

Quanto mais você investe nestas trocas, mais será lembrado. Nutra sua conexão com conteúdo relevante, posicionando-se como um solucionador de problemas, não como um vendedor.

Ao identificar uma "dor" específica, envie individualmente um e-book, estudo, etc., que possa ajudar a solucionar este desafio.

Quando você considerar que a conversa estiver madura, proponha uma chamada de vídeo ou uma reunião presencial.

Etapa	Ação	Dica / orientação prática
1. Otimizar Perfil	**Perfil completo e estratégico**	O LinkedIn é sua vitrine digital 24/7. Reflita sobre seu posicionamento, diferenciais e entregas.
Foto do banner	Use uma foto profissional e atual. Crie um banner que reforce sua proposta de valor.	
Título do resumo	Use palavras-chave estratégicas. Destaque resultados concretos e diferenciais no campo "sobre".	
Experiência e formação	Vá além das descrições básicas. Foque em conquistas mensuráveis e impactos gerados.	
Recomendações	Peça depoimentos de clientes, colegas e parceiros. Prova social fortalece a credibilidade.	
2. Engajamento Inteligente	**Comentários com valor**	Evite frases genéricas. Comente com profundidade, faça perguntas e compartilhe experiências.
Interação com perfis estratégicos	Engaje com líderes e perfis de referência no seu setor para ganhar visibilidade qualificada.	
Participação em grupos	Atue em fóruns e grupos da sua área, compartilhe notícias e ajude com conteúdo útil.	
3. Produção de Conteúdo Estratégico	**Conteúdo educativo e inspirador**	Não venda diretamente. Eduque, inspire e resolva problemas reais com seus conteúdos.
Tipos de conteúdo	Use posts reflexivos, vídeos curtos (legendas são fundamentais), infográficos e artigos analíticos.	
Frequência	Publique no mínimo 3 vezes por semana. O algorítimo do LinkedIn valoriza constância.	
4. Da Conexão ao Cliente	**Construa relacionamento**	Não envie mensagens genéricas. Envie mensagens personalizadas com base em sinergias.
Pesquisa avançada	Use filtros (cargo, setor, região etc.) para segmentar seus *leads*.	
Sales Navigator	Ferramenta ideal para cada etapa do funil de prospecção.	
Monitoramento	Acompanhe notícias sobre empresas-alvo. Use esses eventos como gatilho para iniciar conversas.	
5. Relacionamento Contínuo	**Nutrição de conexões**	Envie conteúdos úteis (e-books, estudos etc.) que ajudem a resolver dores específicas.
Proposta de reunião	Quando houver maturidade no relacionamento, proponha uma reunião personalizada.	
Posicionamento	Seja visto como um solucionador de problemas e parceiro estratégico, não como apenas mais um vendedor.	

Figura 23 – Etapas para uso e otimização do LinkedIn.

Ao executar estas ações, você não estará apenas vendendo um produto ou serviço; mas se posicionando como um líder de pensamento e um parceiro estratégico confiável.

Portanto, abrace o LinkedIn; ele certamente se tornará o seu principal aliado na jornada de vendas.

Dicas complementares: além do LinkedIn

Participe de conferências, workshops e palestras, que são ótimos para absorver conteúdos que podem se transformar em insights, mas também são locais extremamente propícios para conhecer novos profissionais, sejam participantes (atuantes na área), sejam palestrantes (referências no tema).

Mas atenção: não basta estar presente no evento e ficar invisível! Você precisa ser notado positivamente por meio de perguntas interessantes. O "bom dia" ou "boa noite" em uma live é uma atitude educada, mas ao fazer uma reflexão interessante, você será muito mais lembrado! Concorda? Esta postura também possibilita que você seja procurado posteriormente, de forma espontânea, por outros participantes que você impressionou através da sua contribuição.

Use o momento do *coffee break* para conhecer pessoas, evite distrações fora do contexto corporativo, reclamando da situação econômica, discutindo política ou comentando a vida dos outros. Você não está em um barzinho com amigos! (E, mesmo lá, recomendo evitar esses assuntos).

Esteja disposto a falar com quem está do seu lado, independentemente de onde você se sentar. Ou melhor, escute. Demonstre interesse genuíno! Pergunte sobre projetos e desafios. Ouça atentamente e vá estimulando o seu interlocutor a dizer ainda mais. Troque contatos e anote informações importantes sobre cada um que você conhecer. Após o encontro, agradeça virtualmente e mencione algo interessante da conversa. E ponto.

Em resumo: "não se venda; seja comprado."

E faça acontecer agora!

Mauro Wainstock possui mais de 30 anos de experiência em jornalismo, é TOP 10 influenciador MUNDIAL em Diversidade e Inclusão, TOP RH influencer América Latina, foi nomeado LinkedIn TOP VOICE (3 selos), é membro do Instituto Brasileiro de ESG, da Diversity Board e conselheiro de várias empresas, além de palestrante e consultor sobre Turnover e Comunicação Intergeracional e coautor de vários livros.

CAPÍTULO 15

SHIFT® E RELACIONAMENTO: QUANDO O MÉTODO ENCONTRA CONFIANÇA, A VENDA ESCALA

O cenário de vendas é cada vez mais técnico, automatizado e competitivo. O vendedor que domina um bom método já está à frente. Mas o vendedor que une método e relacionamento vai muito além, acelera o ciclo, aprofunda o vínculo e multiplica os resultados.

Esse é o poder do **SHIFT®** quando encontra o terreno fértil da confiança.

O método **SHIFT®** foi criado para funcionar mesmo em vendas complexas, com pouco contexto e nenhum relacionamento prévio. Ele guia o vendedor com clareza, da prospecção à negociação e entrega resultados com consistência.

Mas quando o **SHIFT** é aplicado por alguém que já construiu (ou está construindo) relacionamento de verdade, o efeito não é apenas melhor. É exponencial.

SHIFT® funciona sozinho.

SHIFT® com relacionamento, transforma.

SHIFT® funciona sem relacionamento

Um dos maiores diferenciais do **SHIFT®** é que ele não depende de vínculo prévio. Ele foi pensado justamente para estruturar a venda em contextos desafiadores, onde o vendedor parte do zero: sem indicação, sem histórico, sem nome conhecido.

Nesses cenários, o **SHIFT®** atua como uma ponte: O SPIN permite que o vendedor gere conexão por meio de perguntas inteligentes.

A negociação baseada em princípios (Harvard) oferece um caminho ético para construir acordos de confiança.

O Nudge permite influenciar com responsabilidade, mesmo quando há resistência.

Ou seja: **SHIFT®** já é um construtor de relacionamento. Mesmo em ciclos frios, ele cria o espaço para que a confiança floresça de forma legítima.

SHIFT® constrói relacionamento ao longo do processo

O **SHIFT®** não é apenas uma sequência de etapas. Ele é, na prática, um gerador de vínculo profissional.

À medida que o vendedor escuta com intenção (SPIN), negocia com transparência (Harvard) e influência com empatia (Nudge), ele deixa de ser um "vendedor insistente" e passa a ser percebido como um aliado estratégico na tomada de decisão.

Isso é relacionamento na essência: construído por credibilidade, mantido por consistência, validado pela entrega.

O relacionamento, nesse sentido, não é pré-requisito. É consequência. E o **SHIFT®** entrega isso com método.

SHIFT® + relacionamento = resultado exponencial

Se o **SHIFT®** já funciona bem sozinho, ele atinge outro nível quando aplicado por quem já tem (ou está construindo) relacionamentos sólidos.

Quando há vínculo, o método ganha força em todas as etapas:

- **Prospecção sem fricção:** Quem já tem relacionamento não precisa provar tudo do zero. O decisor atende, escuta e considera, porque confia em quem está falando.
- **Escuta mais profunda**: Com vínculo, o cliente compartilha mais. Vai além do discurso superficial. Fala de bastidores, resistências, limitações políticas e reais dores. Isso transforma a etapa de SPIN numa escuta estratégica de verdade.
- **Acesso a decisores**: Relacionamento encurta caminho. **SHIFT®** ensina como abordar com elegância, mas o relacionamento abre a porta com autoridade. O vendedor relacional não força entrada. Ele é convidado a entrar.

- **Negociação com menos resistência**: Quando há histórico de confiança, o cliente já espera algo justo e equilibrado. O método Harvard flui com menos objeções, menos desconfiança e maior abertura para acordos.
- **Margem maior, venda recorrente**: Com vínculo estabelecido, a pós-venda se transforma: o vendedor antecipa necessidades, protege o cliente, expande a conta. O **SHIFT®** vira um ciclo vivo de *cross-sell*, *up-sell* e recompra.

Imagine o **SHIFT®** como motor.

O relacionamento é o combustível premium.

Funciona com qualquer gasolina, mas com a certa, o desempenho é outro.

Relacionamento é a única vantagem inimitável

Ferramentas são copiáveis. Preços, igualáveis. Propostas, imitáveis.

Mas o relacionamento construído com ética, entrega e presença não pode ser clonado. Ele é o ativo invisível que protege a venda, sustenta o preço e antecipa oportunidades.

E o melhor: o **SHIFT®** não compete com o relacionamento. Ele potencializa.

Quem domina o método, mas ignora o vínculo, terá sempre que correr atrás.

Quem constrói vínculo, mas não tem método, fica na dependência da sorte.

Mas quem une os dois joga em outro nível de resultado.

A Simbiose que Muda o Jogo

Existe aqui uma simbiose intencional: método e relacionamento se retroalimentam. Um não substitui o outro. Juntos, eles formam a arquitetura que sustenta resultados consistentes no tempo.

O vendedor que domina o **SHIFT®** já está em outro nível.

Mas o vendedor que domina o **SHIFT®** e constrói relacionamento consistente, passa a ter algo ainda mais valioso: um sistema de crescimento sustentável, com previsibilidade e reputação.

Porque, no final, não se trata de **"argumento versus relação"**. Se trata de **"método estruturado + construção de credibilidade contínua".**

Você sabe dizer se tem relacionamentos sólidos? Abaixo um checklist que pode aplicar em você e no seu time.

Checklist: você tem relacionamento ou apenas contato?

Veja o checklist:

Item	Critério	Sim	Parcial	Não	Observações
1	O cliente atende você diretamente (sem assistente)?				
2	O cliente te responde com agilidade, mesmo fora do ciclo de compra?				
3	Você conhece os desafios estratégicos do cliente antes dele verbalizar?				
4	Já foi chamado por ele para opinar sobre algo fora da sua proposta?				
5	O cliente já te indicou para outros contatos ou áreas?				
6	Você sabe quem são os aliados e opositores internos à sua solução?				
7	Já participou de alguma conversa sem intenção imediata de venda?				
8	O cliente te deu liberdade para enviar mensagens informais ou diretas?				
9	Você tem acesso a informações não públicas da empresa (clima, política, etc.)?				
10	Já foi lembrado por esse cliente sem ter enviado nada antes?				

Figura 24 – Checklist – Relacionamento ou contato.

Fonte: Elaborado pelo autor.

Interpretação do diagnóstico:

- 8 a 10 "Sim" – Relacionamento Estratégico Ativo: você está dentro da rede de confiança do cliente.
- 5 a 7 "Sim" – Relacionamento Operacional: há vínculo, mas ele ainda é frágil ou transacional.

- 4 ou menos "Sim" – Contato Técnico: você é um fornecedor, não uma referência confiável.

Como usar essa planilha:

- Imprima ou compartilhe digitalmente com o time.
- Aplique em você (autoavaliação).
- Reaplique a cada 90 dias para medir evolução do relacionamento nas contas.

O método abre portas, sustenta o discurso e gera proposta de valor clara. O relacionamento consolida, amplia e torna esse resultado recorrente, escalável e menos vulnerável à pressão do mercado.

CAPÍTULO 16

SHIFT® EM PROPOSTAS E APRESENTAÇÕES DE ALTO IMPACTO

Uma das maiores contradições no mundo das vendas é observar negociações brilhantes morrerem em propostas mal elaboradas. Não é exagero afirmar: **a proposta é o espelho da sua capacidade consultiva**. Se o diagnóstico foi impecável, mas sua proposta não reflete esse entendimento, todo o valor construído evapora.

No modelo **SHIFT®**, a proposta não é PDF. É ferramenta de influência, construção de valor e avanço no ciclo de decisão.

Vendedores que conduzem conversas de altíssimo nível, que constroem *rapport*, que aprofundam dores, que geram reflexão, mas, na hora de formalizar a solução, entregam um documento genérico, frio e burocrático. Nesta hora, não é apenas o vendedor, os times que suportam tecnicamente a confecção de propostas têm papel relevante neste contexto. São eles que podem colocar todo o trabalho em risco. Quantas vezes me vi discutindo sobre as propostas com o time técnico. Quem esteve na frente do cliente discutindo a solução, fechando acordos e desenhando fui eu e, não podia deixar todo esse trabalho escorrer pelos dedos das mãos com uma proposta desalinhada. Em algumas oportunidades, contei com a presença de alguns técnicos, alguns brilhantes, já outros, ao apresentarem a proposta pareciam que tinham participado de outra reunião, me forçando a testar o entendimento com cliente sobre o que ele esperava ver na proposta e, assim, convencer o corpo técnico que aquela direção não estava aderente a demanda.

E o que deveria ser o momento de consolidação de valor, vira um PDF padronizado, feito às pressas, com foco em listar entregas ao invés de evidenciar transformação.

Ao longo dos anos, percebi um padrão perigoso: a maioria das propostas comerciais, mesmo em vendas B2B complexas, são construídas olhando para dentro, e não para o cliente. São centradas no que o fornecedor faz, nos serviços oferecidos, nos pacotes e nas atividades, e não no que o cliente precisa resolver, no impacto esperado ou nos critérios de sucesso que importam de verdade para o decisor. E isso ocorre até hoje. Vejo diversas propostas de clientes e isso é o padrão. As propostas ficam longas e enfadonhas, poucos se interessam em ler.

No **SHIFT®**, a proposta é uma continuação natural do diagnóstico. Ela é a extensão lógica de tudo o que foi mapeado nas etapas anteriores. Ela carrega o SPIN no *framing* de situação, a Negociação Harvard na definição de interesses e critérios, e os Nudges na forma como conduzimos o cliente ao próximo passo.

Proposta, no **SHIFT®**, é ferramenta de influência

Ela não só apresenta uma solução. Ela organiza a tomada de decisão. Ela reduz a incerteza. Ela antecipa objeções. Ela materializa o valor que foi construído em cada conversa anterior.

Uma proposta **SHIFT®** bem construída comunica três mensagens fundamentais, mesmo sem dizer uma única palavra explícita:

1. "Eu te ouvi com atenção."
2. "Eu entendi o que realmente importa para você."
3. "Aqui está um caminho claro, objetivo e seguro para resolver."

Essa abordagem exige mais do que técnica de vendas. Exige inteligência de negócio, respeito pelo processo decisório do cliente e habilidade de comunicação consultiva.

É aqui que muitos vendedores perdem a venda: não por falta de argumento, mas por falta de estrutura. Por tratar a proposta como um mero contrato antecipado, ao invés de um instrumento de avanço estratégico no ciclo de decisão. O vendedor tem que ser o guardião da proposta, não pode repassar algo que veio da área técnica sem criticar.

Ao longo deste capítulo, vou detalhar o que diferencia uma proposta genérica de uma proposta de alto impacto dentro da lógica **SHIFT®**.

Vamos falar de *framing*, de hierarquia de dores, de critérios de sucesso, de ancoragem de valor, de arquitetura de escolha e, principalmente, de como criar propostas que não só apresentem um projeto, mas que ajudem o cliente a decidir avançar.

Porque se tem uma coisa que o mercado B2B ensina é que a venda não termina no diagnóstico, ela se consolida na qualidade da proposta que você coloca na mesa.

E é aí que o **SHIFT®** transforma a teoria em resultado.

A proposta como continuação do diagnóstico

Muitos vendedores cometem o erro de tratar a proposta como um documento isolado, quase burocrático. No **SHIFT®**, ela é a materialização do SPIN (diagnóstico), da Negociação Harvard (interesses, critérios) e do Nudge (influência ética).

Uma boa proposta SHIFT®:

- Valida que você ouviu.
- Reflete o que importa para o cliente.
- Organiza a tomada de decisão.
- Diminui objeções e reduz incertezas.
- Facilita o avanço do processo.

Estrutura de uma proposta **SHIFT®**

1. Resumo da situação (*Framing* de clareza)

- Mostre que você entendeu.
- Use a linguagem do cliente.
- Retome dados, contextos, tensões e dores identificadas.
- Inclua *prints* (com autorização), declarações do cliente ou dados objetivos.

Exemplo: ***"Durante nossas conversas, identificamos desafios como alto turnover nas equipes de atendimento, processos de onboarding inconsistentes e impacto direto no NPS. Este projeto visa endereçar esses pontos."***

2. Dores priorizadas (Hierarquia da dor)

- Apresente as dores mapeadas, priorizadas por impacto e urgência.

- Liste as dores organizadas.
- Mostre que você entendeu o que realmente importa.
- Se possível, quantifique os impactos.

Exemplo:

1. ***Reduzir o turnover que gera impacto estimado de R$ 3,2 milhões/ ano.***
2. ***Aumentar a produtividade no onboarding, que hoje tem perda de 28% no 1º mês.***
3. ***Melhorar a experiência do cliente refletida no NPS, atualmente em 62 (abaixo da meta de 75).***

3. Objetivos e critérios de sucesso

- Esclareça qual problema a proposta resolve.
- Declare os critérios que definem sucesso (ROI, redução de custos, aumento de receita, satisfação do cliente, etc.).
- Alinhe expectativas.

Exemplo:

1. ***Objetivo: Reduzir em 25% o turnover nas áreas de atendimento em até 6 meses.***
2. ***Critérios: Acompanhamento mensal de indicadores, avaliações de clima e redução de desligamentos voluntários.***

4. Proposta de valor (*Framing* + Nudge)

Aqui você não vende uma lista de entregas, você vende transformação.

- Descreva o que será feito com foco nos ganhos, não apenas nas atividades.
- Use linguagem simples, clara e impactante.
- Enquadre a proposta com Nudges de valor:
  - Ancoragem (custos do problema)
  - Prova social (cases e depoimentos)
  - Contraste (antes/depois)

Exemplo de *framing*: ***"Essa solução é um investimento que, se bem implementado, se paga em menos de 5 meses, considerando apenas a economia com turnover já mapeada."***

5. Opções (Arquitetura de escolha)

- Ofereça três formatos (mínimo, recomendado, premium), se for o caso.
- Destaque visualmente o que você sugere como ideal.
- Crie percepção de autonomia e controle para o cliente.

Exemplo:

Solução	Escopo	Investimento mensal
Essencial	Diagnóstico + plano	R$ 30.000,00
Recomendado	Diagnóstico + implantação + acompanhamento	R$ 45.000,00
Premium	Tudo acima + mentoria executiva + Workshops	R$ 58.000,00

Figura 25 – Arquitetura da escolha.
Fonte: Elaborada pelo autor.

6. Próximos passos

- Não deixe a decisão no vácuo.
- Indique claramente o que vem depois.
- Crie senso de urgência saudável.
- Use Nudges comportamentais nos *follow-ups*.

Exemplo: ***"Recomendamos formalizar até o dia 25/06, garantindo condições comerciais alinhadas ao planejamento estratégico atual e priorização na agenda de implantação."***

Erros críticos que matam propostas:

- Proposta genérica, sem conexão com o diagnóstico.
- Foco no que você faz, não no que resolve.
- Linguagem técnica demais, sem tradução para impacto real.
- Ausência de critérios de sucesso claros.
- *Follow-up* fraco, sem *framing* de decisão.

Elementos visuais que potencializam:

- Gráficos de antes/depois.
- Quadro de impacto financeiro (Ex.: custos atuais x ganhos esperados).
- Depoimentos com logo de clientes (quando permitido).
- Checklists visuais do que será entregue.

Template visual simplificado (exemplo)

Proposta Comercial – Projeto **SHIFT®**
Cliente: ABC Corporation
Consultor Responsável: Alexandre Chiacchio

1. Resumo da situação (*framing* de clareza)

Durante as conversas realizadas e a análise preliminar dos dados fornecidos pela equipe da ABC Corporation, foram identificados três pontos críticos que vêm impactando diretamente a performance comercial:

- Desalinhamento entre os processos de prospecção, qualificação e fechamento, com perda de consistência na jornada de conversão.
- Baixa retenção no time comercial, com rotatividade superior a 29% ao ano, afetando previsibilidade de receita e maturidade da abordagem consultiva.
- Ciclo de vendas prolongado: média de 92 dias, representando um desvio de 32% em relação à média do setor, com impacto direto no CAC e no fluxo de caixa.

Esses elementos, se não endereçados com urgência, tendem a comprometer os objetivos de crescimento e a capacidade de escalar com eficiência, ou pior, comprometer totalmente o resultado do exercício.

2. Dores priorizadas (Hierarquia da dor)

- Desalinhamento comercial entre geração de demanda, abordagem consultiva e qualificação de oportunidades. Impacto: baixa conversão em reuniões e perda de oportunidades qualificadas.
- Baixa retenção e engajamento no time de vendas. Impacto estimado: R$ 2,8 milhões/ano em perdas com turnover, curva de aprendizado interrompida e perda de inteligência de mercado.
- Ciclo de vendas acima da média do setor. Consequência: aumento do custo de aquisição e redução da margem líquida por cliente.

3. Objetivos do projeto

- Reduzir o ciclo médio de vendas em até 25% no prazo de 6 meses.
- Elevar a taxa de conversão entre diagnóstico e fechamento em mínimo 18%.
- Fortalecer a cultura comercial através do método **SHIFT®**, com impacto direto na retenção de talentos e na previsibilidade do funil.

4. Critérios de sucesso

- Acompanhamento mensal de KPIs críticos: ciclo médio de vendas, taxa de conversão, volume de oportunidades qualificadas.
- Redução de turnover no time comercial para patamar inferior a 15% em 9 meses.
- ROI projetado mínimo: 4,2x sobre o investimento no projeto.
- Retenção de conhecimento e comportamento **SHIFT®** aferida por avaliações práticas e aplicação em campo.

5. Nossa proposta (proposta de valor com *framing* estratégico)

Implantação completa do método **SHIFT®**, adaptado à realidade da ABC Corporation, com foco em estruturação, capacitação e sustentabilidade da mudança comportamental.

Escopo:

- Diagnóstico comercial completo, com mapeamento de funil, análise de linguagem de abordagem, comportamento em reuniões e análise de proposta atual.
- Capacitação presencial e online no método **SHIFT®**.
- Acompanhamento com reuniões mensais 1:1 com lideranças e ciclos de simulação com feedback estruturado.
- Implementação de indicadores **SHIFT®** e painéis de gestão para tomada de decisão baseada em dados.
- Co-autoria na construção de propostas comerciais alinhadas à nova abordagem consultiva.

6. Modelos de execução (arquitetura de escolha)

Solução	Escopo	Investimento mensal
Essencial	Diagnóstico + plano estratégico de ação (entregue em até 30 dias)	R$ XX.000,00
Recomendado	Diagnóstico + implantação do SHIFT® + treinamento do time comercial (3 meses)	R$ XX.000,00
Premium	Diagnóstico + implantação + treinamento + mentoria executiva _ laboratório de propostas	R$ XX.000,00

Figura 26 – Arquitetura da escolha sobre modelos de execução.

Fonte: Elaborada pelo autor.

Recomendamos a opção "Premium" para assegurar transferência de *know-how* e sustentação cultural da metodologia.

Próximos passos

- Validade da proposta: até 25/06.
- Início sugerido do projeto: 10/07, com bloqueio de agenda para etapa de diagnóstico até 15/07.
- Alinhamento executivo: agendamento de reunião com *sponsor* interno para ajustes finais da proposta.

Observação final

Esta proposta foi construída com base no entendimento do cenário atual da ABC Corporation e na lógica consultiva do método **SHIFT®**.

Trata-se de um projeto estruturado para resolver, transformar e gerar impacto mensurável.

A proposta não é um contrato. Ela é um instrumento de influência consultiva. Ela traduz, organiza e facilita uma decisão de negócio para ambos os lados. Uma proposta **SHIFT®** bem-feita não pressiona. Ela clareia, estrutura e conduz.

CAPÍTULO 17

SHIFT® E ÉTICA COMERCIAL: COMO ESCALAR SEM MANIPULAR?

Em tempos de automação, IA e pressão por meta, o risco de ultrapassar a linha entre influência e manipulação é real. **SHIFT®** existe para impedir isso.

Existem princípios na vida profissional e pessoal que, para mim, são inegociáveis. E a ética é um deles.

Pude acompanhar algumas empresas celebrarem trimestres de crescimento às custas de práticas comerciais questionáveis. Vendedores ultrapassando limites, forçando decisões, manipulando percepções e, em alguns casos, empurrando soluções que não eram as mais adequadas apenas para bater meta. O resultado? Ciclos de arrependimento, *churn* precoce, desgaste de marca e um passivo de reputação que, cedo ou tarde, apresenta a conta.

Quando desenhei o **SHIFT®**, uma preocupação central me acompanhou em cada etapa do processo: como criar um método que gere impacto comercial, mas que proteja o cliente, o vendedor e a cultura organizacional de qualquer desvio ético?

Estamos vivendo uma era onde automação, inteligência artificial e pressão por crescimento geram uma tentação constante: a de ultrapassar a linha entre influência e manipulação.

É fácil cair na armadilha da "copy irresistível", da "técnica de fechamento agressiva", do "script de urgência artificial".

Mas o que construímos com o **SHIFT®** vai na direção oposta. Vender bem não significa forçar. Significa conduzir o cliente a uma decisão mais consciente, mais clara e mais alinhada aos seus interesses reais.

Influenciar não é manipular.

Provocar reflexão não é induzir culpa.

Negociar com firmeza não é confrontar.

O vendedor **SHIFT®** domina as ferramentas de influência com inteligência, mas com um princípio central: o cliente sempre tem o direito de dizer não e ser respeitado por isso.

Ao longo deste capítulo, vamos falar de limites. Vamos falar de transparência, de consentimento e de respeito ao processo de decisão do cliente. Vamos discutir como aplicar Nudges de forma ética, como estruturar diagnósticos que revelam a verdade e não criam dores artificiais, e como conduzir negociações com base em interesses legítimos, não em jogos de poder.

Porque, no final do dia, não adianta vender muito hoje se o cliente falar mal amanhã.

E mais do que isso, não adianta construir resultado comercial se o preço for a sua reputação como profissional.

Porque ética, para mim, não é um diferencial competitivo. É um valor inegociável.

Os limites da persuasão

- Nudges devem ser usados para ajudar o cliente a decidir com mais clareza, não para forçar uma decisão emocional.
- Diagnósticos não devem induzir a dor, mas revelar a verdade.
- Negociação não é confronto, é colaboração.

Os 3 princípios da ética no **SHIFT®**

1. Transparência: diga o que está oferecendo e o que o cliente pode esperar

A base da confiança é a clareza. E confiança, em vendas B2B, é mais valiosa do que qualquer oferta limitada ou copy de urgência. No **SHIFT®**, a transparência não é só sobre o preço, é sobre a proposta de valor na totalidade.

- Não se promete o que não se pode entregar. (***Lembra o que contei lá no início? Sobre um treinador que estimulava os empresários a mentirem para seus potenciais clientes?).***
- Não se omite o que o cliente precisa saber para tomar uma decisão consciente.
- Não se encobre complexidade com simplificações oportunistas.

O vendedor **SHIFT®** deixa claro:

- O que está incluído e o que não está incluído.
- Quais resultados são prováveis e quais são apenas possíveis.
- Quais caminhos existem e quais riscos precisam ser considerados.

Transparência não enfraquece a venda. Pelo contrário: fortalece o posicionamento. Porque demonstra maturidade, integridade e respeito pelo processo decisório do cliente.

E isso, para o decisor sério, vale mais do que qualquer desconto.

2. Consentimento: o cliente precisa saber que está sendo influenciado e aceitar isso

O uso de técnicas de influência não é antiético por natureza. Mas torna-se eticamente questionável quando o cliente é conduzido de forma inconsciente, sem perceber que está sendo estimulado a tomar uma decisão.

No **SHIFT®**, a influência é declarada, assumida e praticada com transparência.

Quando usamos um Nudge, é visando ajudar o cliente a visualizar consequências, organizar prioridades ou clarear o impacto de uma escolha, nunca para criar escassez artificial, gerar medo ou induzir pressão emocional.

Exemplos éticos de consentimento implícito:

- "Compartilho esse material com algumas empresas que estão passando por desafios similares aos seus."
- "Essa conversa tem o objetivo de avaliar, juntos, se existe espaço para gerar valor mútuo. Caso não exista, tudo bem."
- "Estou te propondo uma leitura diferente sobre essa situação, baseada em experiências anteriores. Fique à vontade para discordar."

Influência com consentimento é sinal de respeito.

E respeito, quando praticado com consistência, transforma a percepção do vendedor de fornecedor tático para parceiro estratégico.

3. Respeito: o fim nunca justifica os meios

A ética no **SHIFT®** tem uma âncora clara: nem todo resultado comercial é saudável se a jornada até ela foi construída às custas da dignidade do processo.

Isso vale para:

- Como abordamos o cliente (sem arrogância, sem bajulação).
- Como conduzimos o diagnóstico (sem forçar dores, sem criar falsas urgências).
- Como negociamos (sem jogos de poder, sem blefes baratos).
- E principalmente, como reagimos quando o cliente diz "não".

Respeito também significa saber parar, quando percebemos que estamos forçando um caminho que não entrega valor real.

Significa saber ouvir, mesmo quando o cliente expõe uma objeção que desmonta nossa argumentação.

E significa manter o tom, a postura e o compromisso com a verdade, mesmo quando a meta aperta, a pressão aumenta e a tentação por atalhos se intensifica.

O vendedor **SHIFT®** não sacrifica reputação por oportunidade.

Porque entende que o verdadeiro crescimento é aquele que não cobra a integridade como preço.

Em resumo:

- A ética no **SHIFT®** não é um adendo comportamental. É parte do *core* do método.
- Ela protege o vendedor, o cliente e a reputação da empresa.
- Ela sustenta a autoridade de quem lidera a jornada consultiva.
- E ela garante que o resultado de hoje não sabote a relação de amanhã.

Transparência. Consentimento. Respeito.

Três palavras simples. Três compromissos profundos.

SHIFT® é, por definição, uma metodologia de alto impacto comercial. Mas é também, e sempre será, uma metodologia de venda limpa.

CAPÍTULO 18

SHIFT® EM GRANDES CONTAS: COMPLEXIDADE, *STAKEHOLDERS* E CICLOS LONGOS

Em mercados empresariais de alta complexidade, a venda não é mais uma transação; ela se torna um processo institucional. Nas grandes contas, onde decisões envolvem múltiplas áreas, orçamentos plurianuais, compliance rigoroso, riscos operacionais e reputacionais, o processo comercial se transforma em uma jornada de influência contínua, sofisticada e de alta exigência cognitiva e política.

É neste contexto que o **SHIFT®** se posiciona não apenas como um método, mas como um verdadeiro *framework* de gestão estratégica de vendas B2B. Sua estrutura, baseada em diagnóstico consultivo, construção de valor percebido, e condução racional da jornada de decisão, encontra nas grandes contas o terreno ideal para exercer seu máximo potencial, desde que aplicado com o rigor e a disciplina que o ambiente exige.

Negociar com grandes organizações é, antes de tudo, compreender como elas pensam, decidem e resistem à mudança. Não se trata de vender um produto ou serviço, mas de articular um processo decisório coletivo, multifacetado e, muitas vezes, lento. Trata-se de navegar por um sistema que envolve múltiplos stakeholders, com agendas distintas, visões de valor divergentes e critérios de avaliação por vezes conflitantes.

Nessas vendas *enterprise*,[1] o profissional de vendas precisa abandonar de vez o papel de "apresentador de soluções" e assumir o de condutor estratégico da mudança. Ele passa a ser um tradutor entre áreas, um articulador de consensos internos, um agente de construção de confiança institucional. Cada passo precisa ser fundamentado, cada reunião precisa gerar avanço real (mesmo que mínimo), e cada material enviado precisa sustentar o processo com consistência técnica e política.

SHIFT® atua aqui como uma arquitetura de sustentação da jornada de decisão. Ele provê ao profissional a capacidade de orquestrar, com clareza e inteligência, todas as variáveis que compõem uma venda de ciclo longo: mapeamento de influenciadores, diagnóstico sistêmico, construção de propostas multi-departamentais, gestão de *follow-ups* com propósito e nutrição constante da confiança.

Enquanto métodos tradicionais falham por serem lineares e centrados em um único interlocutor, **SHIFT®** reconhece a natureza não-linear e relacional dessas negociações. Ele entende que o "sim" final não é um momento, mas o somatório de diversos micro-consensos ao longo do tempo.

É por isso que, em grandes contas, o **SHIFT®** deixa de ser uma opção metodológica e se torna uma necessidade estratégica. Sem método, não há progresso. Sem gestão da complexidade, não há sustentabilidade. E sem estrutura, não há como gerar influência ao longo do tempo.

Grandes contas não são conquistadas com atalhos. São construídas com método, disciplina, escuta e estratégia. É neste cenário que o **SHIFT®** se revela, não como uma técnica de vendas, mas como um sistema completo para transformar negociações complexas em alianças duradouras.

A complexidade não é um obstáculo. É o campo de jogo.

Quem trabalha com grandes contas sabe:

- Ciclos de vendas não duram semanas, duram meses ou até anos.
- Reuniões de avanço podem virar retrocessos em questão de horas.

---

[1] **Contas enterprise** são clientes corporativos de grande porte, geralmente organizações com estruturas complexas, múltiplas unidades de negócio e altos volumes de compra. Essas contas demandam soluções personalizadas, processos comerciais mais sofisticados e acompanhamento dedicado devido ao seu impacto significativo no faturamento e na estratégia comercial da empresa.

- Interlocutores mudam, prioridades se reordenam, e o que parecia validado precisa ser reconstruído com uma nova liderança, sob uma nova perspectiva.

Cada stakeholder traz consigo uma agenda própria, uma percepção distinta de risco, um conjunto específico de critérios de valor, e muitas vezes, uma linguagem organizacional diferente.

Vender para uma grande conta é atuar simultaneamente em múltiplas frentes de influência. É operar com lógica de projeto, não de visita comercial.

É nesse cenário que o **SHIFT®** revela seu poder estratégico

O que para muitos ainda parece "um método de vendas consultivas", nas grandes contas se consolida como um *framework* completo de gestão de processos complexos de influência e negociação. É compreender que não existe "o decisor", existe um ecossistema de decisores.

É aqui que o vendedor **SHIFT®** deixa de ser apenas um profissional comercial. Ele se torna um orquestrador de consenso, um arquiteto de solução e um facilitador de decisão complexa.

O que não funciona em grandes contas:

- **Pressão:** Quanto mais se pressiona, mais se desperta o reflexo defensivo da corporação.
- **Desconto como argumento final:** em ambientes *enterprise*, o preço é apenas um dos vetores de decisão, raramente o principal.
- **Falta de mapa político:** ignorar o organograma real, o jogo de influência interna e as alavancas de poder é caminhar no escuro.
- **Foco em produto:** aqui, ninguém compra uma lista de entregas. Compra-se redução de risco, aumento de controle, melhoria de governança, e sobretudo, capacidade de entrega com previsibilidade.

O vendedor **SHIFT®** em grandes contas é, por definição, um gestor de influência estratégica.

Ele sabe que:

- O diagnóstico precisa ser co-construído com o cliente, respeitando cada narrativa interna.

- A proposta não pode ser um espelho do que foi falado em uma única reunião. Ela precisa traduzir a convergência de dores prioritárias de áreas distintas.
- O avanço de etapa depende tanto da habilidade técnica quanto da habilidade política.
- O *follow-up* é tão decisivo quanto a reunião. Muitas vezes, o que move a negociação é o que se faz entre as reuniões, não durante.

SHIFT® como estratégia de sustentação em ciclos longos

Grandes contas não exigem apenas método. Elas exigem método com memória.

O histórico precisa ser preservado. As percepções, registradas. As decisões, documentadas. E os próximos passos, sempre projetados com clareza.

O **SHIFT®** oferece exatamente isso:

- Uma forma de estruturar o raciocínio comercial.
- Uma linguagem única para navegar entre áreas.
- Uma disciplina para manter o processo vivo, mesmo quando ele parece parado.

E, acima de tudo, SHIFT® protege a integridade da jornada

Porque em ciclos longos, o que destrói o processo não é a objeção. É o desgaste.

A perda de credibilidade, a incoerência de mensagens, a falta de domínio sobre o histórico, a promessa feita e não sustentada.

SHIFT® protege reputação. Protege margem. Protege coerência.

E faz isso não com atalhos, mas com método.

Nas grandes contas, não existe espaço para improviso. O profissional que atua sem método pode até iniciar uma negociação, mas não conseguirá sustentá-la. Aqui, quem não tem disciplina, não tem chance. Quem não entende de mapeamento político, não avança. E quem não domina influência complexa, com ética e inteligência, não converte.

SHIFT® não é opcional nesse cenário

É a única forma estruturada de transformar vendas complexas em parcerias duradouras.

Adaptações do **SHIFT®** para Contas ***Entreprise***

- **SPIN Múltiplo:** Cada stakeholder tem uma dor diferente. Aplique SPIN em cada um e monte um mapa de dores cruzadas.
- **Negociação Harvard Coletiva:** Envolva diferentes partes com interesses distintos. Use acordos parciais e construção progressiva.
- **Nudges em Canais Múltiplos:** E-mails, WhatsApp, relatórios, apresentações. Cada canal pode reforçar um nudge diferente.
- **Gestão de Conta como Projeto:** Use Kanban, cronogramas e *playbooks*. Gerencie a venda como se fosse uma implantação.

SHIFT® é versátil. Em grandes contas, exige mãos firmes, escuta ativa e disciplina brutal. Mas é ali que ele mostra todo seu poder: transformar vendas complexas em parcerias de longo prazo.

Mas quem são esses interlocutores estratégicos? É exatamente sobre eles que trataremos a seguir, na seção **SHIFT®** na Linguagem do C-Level

SHIFT® na Linguagem do C-level

A venda consultiva B2B frequentemente envolve decisores de alto nível: CFOs, COOs, CMOs e CEOs. Nesses casos, o sucesso da abordagem **SHIFT®** depende da capacidade de traduzir valor técnico em impacto estratégico.

Chegar até o C-Level é, para muitos, o ápice do processo de vendas. Mas também é onde boa parte dos vendedores falha, e falha não por falta de vontade, mas por não entender que a conversa muda completamente.

Quando se fala com CFOs, COOs, CMOs e CEOs, **a linguagem é outra.** É uma linguagem de impacto, risco, retorno e, principalmente, de decisão.

O que para a média dos vendedores é uma funcionalidade, para o C-Level é uma variável que afeta EBITDA, CAC, ROI, churn ou crescimento. O que parece uma melhoria de processo para quem está no nível operacional, para quem está na cadeira de decisão, **pode ser a diferença entre bater ou não bater a meta do trimestre, proteger a margem ou reduzir o risco institucional.**

É exatamente nesse contexto que o **SHIFT®** mostra sua relevância e sua sofisticação. Porque o método não é sobre vender software, consultoria, serviço ou produto.

É sobre ajudar o C-Level a tomar decisões que protegem, aceleram ou transformam o negócio.

Aqui, o SPIN ganha uma nova camada: não é mais sobre perguntar "qual seu desafio operacional?", mas sim sobre entender "o que esse desafio significa no jogo estratégico dessa liderança."

O Negociação de Harvard se torna essencial, porque os interesses ficam mais sensíveis, mais políticos e, muitas vezes, não estão ditos, mas são profundamente reais. Nem tudo é sobre dinheiro. Às vezes, o que está em jogo é visibilidade, segurança na tomada de decisão, poder de influência ou até a preservação da reputação interna.

Aqui a influência ética, trazida pelo Nudge, faz ainda mais diferença. O *framing* da conversa, o tom, a estrutura da proposta e até o *storytelling* precisam ser ajustados para quem vive sob a pressão de resultados, conselhos, investidores e mercado.

Com o C-Level, não há espaço para excesso de fala. Fala-se pouco. Pergunta-se muito. Escuta-se mais ainda. E quando se fala, fala-se de negócio, não de produto.

SHIFT® na linguagem do C-Level é a arte de traduzir tudo o que a sua solução faz, tecnicamente, em impacto que seja percebido, relevante e prioritário para quem decide.

Como falar SHIFT® com o C-Level

- **Foco em indicadores de negócio**: produtividade, CAC, ROI, churn, NPS, margem.
- **Menos *feature*, mais impacto**: "Nossa solução reduz o tempo médio de fechamento em 20%".
- **Mapeamento da dor política**: além da dor operacional, o que está em jogo para a liderança? Visibilidade? Risco? Conflito entre áreas?

Ferramentas que ajudam:

- Sumários executivos com 1 página.
- Propostas com seção específica de impacto estratégico.
- Relatos de casos (*storytelling* B2B) com *benchmarks* do setor.

SHIFT® aplicado ao C-Level é a arte de falar pouco, escutar muito e traduzir dor em decisão de negócio. O consultor de vendas se posiciona como aliado estratégico, não como fornecedor.

CAPÍTULO 19

CULTURA: QUANDO SHIFT® VIRA IDENTIDADE

Cultura organizacional: o alicerce invisível da performance sustentável

Cultura organizacional é, em termos simples, o conjunto de crenças, valores, normas e comportamentos que orientam a forma como uma empresa funciona. Não é o que está escrito no mural institucional, no site corporativo ou nos discursos de boas-vindas. Cultura é o que acontece de fato, todos os dias, entre pessoas, processos e decisões. É o que permanece mesmo quando a liderança não está presente. É como a empresa reage à pressão, ao erro, à oportunidade e à crise.

No contexto de vendas B2B de alta complexidade, essa cultura ganha contornos ainda mais críticos. Afinal, vender soluções que envolvem riscos financeiros, integração entre áreas, alto grau de customização e relacionamento de longo prazo exige muito mais do que técnica. Exige mentalidade. Exige comportamentos consistentes. Exige uma forma compartilhada de ver o cliente, o mercado e a função comercial.

Empresas que possuem culturas voltadas para a venda transacional têm dificuldade em migrar para um modelo consultivo e complexo. Isso porque as crenças que orientam os comportamentos não são compatíveis com o novo jogo. Por exemplo:

- Em uma cultura orientada por metas de curto prazo e volume, dificilmente haverá paciência para ciclos longos.
- Em uma cultura que valoriza scripts, é improvável que se incentive a escuta ativa.

- Em uma cultura de comando e controle, a influência baseada em confiança tende a ser ignorada.

Por isso, ao implantar qualquer método de vendas, a empresa precisa considerar: o quanto nossa cultura sustenta, reforça ou enfraquece esse método? O quanto nossa liderança está preparada para modelar os comportamentos desejados? O quanto nossos rituais e sistemas reconhecem e premiam atitudes alinhadas ao novo modelo?

SHIFT® não é exceção.

SHIFT® é um método robusto, voltado para ambientes comerciais de alta complexidade, onde o relacionamento, a inteligência consultiva e a criação de valor percebido são diferenciais críticos. Mas, como todo método, sua eficiência está diretamente relacionada ao grau de incorporação cultural.

Quando o SHIFT® deixa de ser método e vira cultura

Toda transformação comercial verdadeiramente sólida passa, inevitavelmente, por um ponto de virada invisível aos olhos apressados, mas essencial aos líderes que pensam em escala e perenidade: a incorporação cultural do método. Até esse ponto, qualquer método, por mais eficaz, vive sob a ameaça da regressão operacional. Vira uma moda. Uma onda. Um ciclo passageiro que começa com entusiasmo e termina com abandono silencioso.

SHIFT® nasce como método, mas só alcança sua plenitude quando atravessa a membrana da execução e se torna parte do tecido cultural da organização. É nesse momento que o método deixa de ser um recurso externo aplicado por alguns e passa a ser uma lente interna, que orienta como toda a empresa enxerga mercado, cliente e decisão.

Cultura não é o que está escrito na parede. Cultura é o que permanece quando ninguém está olhando. É o comportamento espontâneo dos times diante das pressões do dia a dia. É a régua silenciosa que orienta o que é aceitável, o que é valorizado, o que é replicado e o que é rejeitado.

SHIFT® só se torna irreversível quando deixa de ser aprendido e passa a ser vivido. Isso exige que ele seja ensinado com clareza, mas principalmente reforçado com coerência, praticado com disciplina, incorporado nos processos, visível nas métricas e respeitado nas decisões.

Empresas que fracassam na consolidação cultural de um método o fazem porque acreditam que treinamento basta. Não basta. Cultura exige sistema de reforço. E esse sistema só existe quando o método está presente:

- No *onboarding* dos novos profissionais.
- Nos rituais semanais de alinhamento.
- Nos materiais de capacitação e comunicação interna.
- Nas avaliações de desempenho e nas metas de equipe.
- Nas decisões difíceis, quando é mais tentador ceder a atalhos.

Quando **SHIFT®** se torna identidade

SHIFT® se torna cultura quando o comportamento consultivo, a escuta ativa, a influência ética, o *framing* de valor e a negociação baseada em interesses deixam de ser pontos de atenção e passam a ser o jeito natural de pensar, agir e decidir. Mesmo quando não há ninguém olhando.

Quando isso acontece:

- A linguagem muda: termos como SPIN, *framing*, BATNA e Nudges fazem parte do dia a dia.
- A tomada de decisão muda: cada proposta é pensada com profundidade, cada interação com o cliente é guiada por intenção e empatia.
- O orgulho cresce: times se reconhecem como parte de algo sofisticado, moderno, eficaz e admirado.

SHIFT® como cultura é quando você olha para o time e percebe: o que antes era técnica virou comportamento. E o que virou comportamento virou identidade. A empresa não só vende melhor. Ela pensa melhor. Ela decide melhor. Ela cresce melhor.

CAPÍTULO 20

SHIFT® NO PÓS-VENDA E EXPANSÃO DE CONTAS

Vendas consultivas não terminam na assinatura do contrato. No pós-venda, o **SHIFT®** mostra sua força de retenção e crescimento.

Se tem uma fase do ciclo comercial pela qual eu tenho um respeito particular, é o pós-venda. E isso não é por acaso.

Após anos liderando times de vendas B2B e acompanhando operações em diversos segmentos, aprendi que estar dentro da conta, com relacionamento estabelecido e histórico de entrega, cria uma vantagem competitiva que nenhum concorrente consegue replicar facilmente.

Vender para quem já te conhece, para quem já viu valor real na sua entrega e para quem já experimentou o impacto da sua solução não é apenas mais fácil, é mais inteligente.

> O problema é que, na prática, a maioria dos times comerciais encara o pós-venda como um território de responsabilidade do atendimento, do suporte ou, no máximo, do *Customer Success*.
> Vendas? Só na hora da renovação.

Esse é um erro estratégico clássico.

No contexto **SHIFT®**, o pós-venda não é um apêndice da operação comercial. É uma nova fase da jornada de influência, diagnóstico e construção de valor. É aqui que o vendedor consultivo precisa mostrar que a inteligência comercial não termina na assinatura. Ela apenas muda de formato.

O que antes era um diagnóstico de entrada, agora se transforma em um diagnóstico de evolução. O que antes era uma conversa de descoberta, agora vira uma conversa de expansão.

O que antes era uma negociação para abrir uma porta, agora passa a ser uma negociação para aumentar o espaço, aprofundar a relação e ampliar o impacto.

E o mais importante: a relação já tem lastro. Já existe confiança construída. Já existe prova social interna. Já existe experiência concreta com a sua entrega.

Por isso, sempre que alguém me pergunta onde o **SHIFT®** tem maior potencial de gerar crescimento de receita com menor custo de aquisição, a resposta é direta: nas contas que você já conquistou.

Mas com uma condição: desde que o pós-venda seja tratado com o mesmo rigor, método e disciplina que você aplicou na pré-venda e na negociação.

Neste capítulo, vamos aprofundar como o **SHIFT®** deve ser conduzido no pós-venda para gerar três efeitos simultâneos:

- Reforço da percepção de valor entregue.
- Diagnóstico contínuo de novas dores e oportunidades.
- Expansão consciente, ética e consultiva da conta.

Porque, no final, o cliente que já confia em você e não precisa ser convencido. Precisa ser bem conduzido. E é exatamente isso que o **SHIFT®** entrega quando bem aplicado no pós-venda.

Se há uma ilusão perigosa no mundo das vendas, é acreditar que o ciclo termina na assinatura do contrato. Na verdade, para quem opera em vendas consultivas de alto valor, a assinatura não é o fim, é o começo. Veja como a visão é diferente, é o começo de um mundo de oportunidades que antes não tinha acesso.

O pós-venda é onde a promessa feita na etapa comercial se transforma, ou não, em valor real percebido. É onde o cliente valida, na prática, se aquilo que foi apresentado como solução de fato gera impacto, resolve dores e entrega transformação. Se não entregou o valor prometido, as questões são outras e, neste caso, é bom olhar para dentro e entender o que está errado. Corrija, antes de voltar ao mercado.

Quando aplicado no pós-venda, o método deixa claro que a jornada não se limita à conquista de uma venda. Ela se estende à construção de uma relação de longo prazo, de confiança, expansão e, principalmente, de impacto contínuo.

O pós-venda no **SHIFT®** não é sobre suporte, não é sobre "acompanhar" e muito menos sobre esperar que o cliente venha sinalizar novas demandas.

É sobre diagnóstico contínuo, sobre estar presente, escutar, entender o que mudou e, a partir disso, identificar novas dores, novos desafios e novas oportunidades.

O SPIN aqui não desaparece, ele evolui. O que antes era diagnóstico de pré-venda, agora se torna diagnóstico de acompanhamento. A pergunta não é mais "qual é sua situação atual?", mas sim "o que mudou desde que começamos essa jornada juntos?"

A negociação baseada em princípios também permanece. Afinal, as necessidades evoluem, os interesses se reposicionam e os contextos mudam. Muitas vezes, a área que contratou não é a única a se beneficiar, outras áreas começam a perceber valor, a sentir dores semelhantes e a enxergar na sua solução uma ponte para solucionar seus próprios desafios.

É quando surgem as oportunidades de expansão horizontal, de *up-sell* consciente, de renovações que não são meramente burocráticas, mas sim novas conversas consultivas.

E, mais do que isso, o pós-venda bem executado dentro da lógica do **SHIFT®** transforma clientes em defensores, em seus embaixadores. Quando você tem disciplina para mostrar o valor entregue, para quantificar impacto, para reforçar conquistas e, ao mesmo tempo, escutar novas necessidades, **a relação deixa de ser transacional e se torna, realmente, uma parceria estratégica.**

No fundo, o pós-venda no **SHIFT®** não é só sobre manter contratos. É sobre manter relevância. É sobre garantir que a confiança gerada na venda não apenas permaneça, mas se multiplique, criando uma dinâmica onde o cliente não só continua, ele cresce com você.

E quando isso acontece, vender deixa de ser esforço. Passa a ser consequência.

Como aplicar SHIFT® no pós-venda?

- **Diagnóstico contínuo (SPIN pós)**: o que mudou na situação do cliente desde a venda?
- **Nova hierarquia da dor**: outras áreas da empresa sentem dores que podem gerar novas oportunidades.
- ***Framing* de valor entregue**: mostre ao cliente o que já foi conquistado, com dados concretos.

Estratégias de expansão:

- **Expansão horizontal**: levar a solução para outras áreas da empresa.

- ***Up-sell* com base em uso real**: mostrar onde o cliente já avançou e onde ainda pode evoluir.
- ***Cross-sell* orientado por necessidades:** identifique oportunidades de oferecer produtos ou serviços complementares que atendam a desafios específicos de outras áreas ou funções do cliente. Utilize dados do uso atual e feedback para mapear demandas não atendidas, construindo propostas personalizadas que somem valor e ampliem a parceria.
- **Recompra e renovação como processo consultivo**: não trate como burocracia, e sim como nova oportunidade de conversa.

SHIFT® bem aplicado no pós-venda transforma o cliente em defensor da solução. É quando a confiança gerada na venda vira parceria de longo prazo.

CAPÍTULO 21

FERRAMENTAS COMPLEMENTARES PARA ALTA PERFORMANCE EM NEGOCIAÇÃO

Neste capítulo bônus, apresentamos duas ferramentas complementares que enriquecem significativamente a abordagem de negociação para quem busca excelência e diferenciação no mercado: *Negotiation Hacking* e Desconforto Elegante. Ambas oferecem perspectivas práticas e inovadoras para ampliar sua capacidade de influenciar e conduzir negociações complexas, indo além das técnicas convencionais.

O *Negotiation Hacking* propõe uma forma estratégica de agir que rompe com os parâmetros tradicionais da negociação, incentivando a revisão de critérios e prioridades do cliente, ao mesmo tempo, em que destaca sua proposta de maneira clara, objetiva e irresistível frente à concorrência.

Já o Desconforto Elegante convida o profissional a reconhecer e utilizar o desconforto, muitas vezes evitado, como uma ferramenta consciente para provocar mudanças, estimular o pensamento crítico e fortalecer a influência, sempre pautado na inteligência emocional e postura assertiva.

Este capítulo visa proporcionar a você insights práticos e aplicáveis que complementam as estratégias abordadas anteriormente, oferecendo um diferencial competitivo para transformar não apenas o resultado das suas negociações, mas também a maneira como você as conduz.

Negotiation Hacking: Virando o Jogo em Negociações Previsíveis

Em ambientes de alta concorrência, em que propostas tendem a ser semelhantes e previsíveis, destacar-se exige mais do que técnica, exige estratégia. É nesse contexto que entra o *Negotiation Hacking*: a prática de inserir elementos diferenciadores em uma negociação que, embora não tenham sido solicitados no briefing original, aumentam o valor percebido da proposta ou forçam o cliente a reconsiderar os critérios da negociação.

Após décadas apoiando operações comerciais B2B, uma das situações que mais me chama a atenção é a frequência com que negociações importantes acabam se tornando previsíveis, lineares e, muitas vezes, tecnicamente burocráticas.

O briefing chega. Os concorrentes analisam. As propostas saem praticamente no mesmo formato. O cliente compara preço, escopo e prazos. E a escolha, muitas vezes, recai sobre o mais barato, o mais rápido ou o que tiver o melhor relacionamento pré-existente.

Essa lógica repetitiva gera um problema estratégico: o vendedor deixa de ser um agente de influência e passa a ser um mero participante de um processo decisório pré-moldado por critérios estabelecidos antes mesmo da primeira conversa real. E aqui para nós, esse tipo de atuação não requer um vendedor profissional, concorda? Pelo menos, teoricamente, não há qualquer ação de vendas.

Foi por viver isso de forma recorrente, em grandes contas e em negociações complexas, que comecei a trabalhar com o conceito de *Negotiation Hacking* no Brasil, sendo um dos pioneiros no Brasil a usar o conceito como abordagem estratégica para negociação B2B e o primeiro, no meu mercado de atuação, a estruturar um método próprio baseado neste conceito. Uma abordagem que, hoje, faz parte do meu repertório prático dentro do **SHIFT**®. Ele está como um bônus de conteúdo.

O *Negotiation Hacking* é uma ruptura inteligente em um processo previsível.

Não se trata de improvisar. Não é oferecer um bônus de última hora. Não é maquiar preço ou fazer concessões de impacto financeiro.

É algo muito mais estratégico: é a capacidade de, com leitura de contexto e entendimento profundo da real agenda do cliente, introduzir um elemento novo e relevante que provoque uma reavaliação da negociação em curso.

O *Negotiation Hacking* surge justamente nas mesas onde o jogo parece já estar jogado. Onde os critérios parecem fixos. Onde o briefing parece imutável.

É ali que o vendedor consultivo, preparado e tecnicamente maduro, enxerga o espaço invisível: aquela necessidade latente, aquela preocupação não declarada, aquele risco não mapeado e o transforma em um diferencial legítimo, que obriga o cliente a olhar para a sua proposta com uma nova lente.

Ao longo dos últimos anos, venho aplicando esse conceito de forma cirúrgica em projetos de educação corporativa e serviços B2B. E os resultados são claros:

- *Reframing* de critérios de decisão.
- Abertura de espaço para diálogo em negociações travadas.
- Diferenciação objetiva em RFPs com alto grau de comoditização.

Mas há um ponto inegociável: o *Negotiation Hacking* que ensino e aplico dentro do **SHIFT**® é 100% alinhado com ética, com diagnóstico e com entrega real.

Aqui, não existe espaço para truques baratos ou manipulações oportunistas. O que oferecemos como diferencial precisa ter base sólida, fazer sentido estratégico para o cliente e ser algo que realmente podemos entregar com excelência.

O vendedor que domina essa abordagem não apenas aumenta suas chances de fechamento. Ele reposiciona sua imagem frente ao cliente como alguém que enxerga o que os outros não veem.

Mas é uma técnica que requer cuidado e preparo, erra no *timing*, na dose ou no contexto, pode ser fatal e o tiro sairá pela culatra.

Neste capítulo, vou detalhar quando usar, como identificar o momento certo, como estruturar o diferencial e, principalmente, como integrar o *Negotiation Hacking* ao método **SHIFT**® de forma consistente e responsável.

Porque em mercados maduros, onde a diferença entre ganhar ou perder uma negociação é uma questão de percepção e *framing*, saber hackear estrategicamente o processo de decisão não é luxo, é competência crítica de sobrevivência comercial.

Definição de *Negotiation Hacking*

Negotiation Hacking consiste em identificar um diferencial único e estratégico que:

1. **Reformula os parâmetros da negociação:** Leva o cliente a repensar os critérios estabelecidos inicialmente, provocando um novo briefing ou uma revisão das prioridades.

2. **Destaca a proposta frente à concorrência:** Adiciona valor de forma clara, objetiva e relevante, fazendo com que sua oferta se torne mais atrativa, completa ou difícil de ignorar.

Como aplicar *Negotiation Hacking* com SHIFT®?

Imagine uma concorrência onde todos os players receberam o mesmo briefing. A tendência é que as propostas sejam equivalentes em formato, linguagem e entrega. O *Negotiation Hacking* acontece quando você inclui algo a mais, não como bônus gratuito, mas como resposta estratégica a uma necessidade latente ou ainda não verbalizada.

Exemplos práticos:

- Em um projeto de consultoria: Incluir uma análise preditiva de tendências de mercado para os próximos cinco anos, mesmo que isso não estivesse no escopo inicial. Isso responde a uma preocupação estratégica do cliente sobre competitividade futura.
- Em uma proposta de software: Sugerir um modelo de implementação acelerada com etapas de *quick-wins*, antecipando retorno e facilitando a compra política interna.

Esses movimentos geram dois efeitos possíveis:

1. O cliente refaz o briefing ou inclui novos critérios a partir do seu diferencial.
2. Sua proposta é percebida como mais completa, inovadora ou aderente do que qualquer outra.

Por que isso funciona?

Negotiation Hacking ativa mecanismos de percepção de valor, como:

- Efeito contraste: sua proposta se torna referência.
- *Reframing* dos critérios: o cliente passa a ver a negociação sob nova perspectiva.
- Dissonância no julgamento anterior: o que parecia "igual" agora se mostra incompleto.

A diferença entre manipulação e inteligência

SHIFT® preza por ética e diagnóstico. O *hacking* aqui não é artifício vazio: é entendimento profundo do contexto, aliado a proposta de valor real. O diferencial apresentado precisa:

- Ter base estratégica.
- Ser útil ao cliente, mesmo sem solicitação prévia.
- Estar alinhado à entrega real da sua empresa.

Negotiation Hacking é a habilidade de virar o jogo em negociações previsíveis. Não com truques, mas com visão, ousadia e domínio técnico. Ao integrar esse conceito ao método **SHIFT®**, você amplia a força da sua proposta e passa a ser visto não como mais um fornecedor, mas como um parceiro que vê o que os outros não enxergam.

O Desconforto Elegante no SHIFT®: A Arte de Confrontar com Respeito e Estratégia

Confesso: por muito tempo, uma das atitudes que mais me incomodam, ainda hoje, no ambiente B2B é a postura de alguns clientes que, no meio de uma negociação, simplesmente paravam de responder.

Nenhuma justificativa, nenhum posicionamento, nenhuma explicação. Silêncio absoluto, como se o trabalho de diagnóstico, as reuniões, as análises e a construção de valor pudessem ser ignoradas sem o mínimo de consideração.

Hoje esse comportamento tem nome: *Ghosting*

No contexto comercial, *ghosting* é o comportamento em que um cliente ou interlocutor encerra abruptamente toda comunicação durante um processo de negociação, ou relacionamento comercial, sem fornecer qualquer explicação, aviso ou sinal prévio. Essa interrupção unilateral e silenciosa dificulta o fluxo da negociação, gera incertezas para o vendedor e pode impactar negativamente o planejamento estratégico e os resultados comerciais. Reconhecer e manejar o *ghosting* é essencial para profissionais que buscam resiliência e eficácia em ambientes de alta complexidade comercial.

É uma postura que demonstra medo ou desinteresse em enfrentar o desconforto da conversa, e que costuma gerar frustração, insegurança e perda de confiança. Não é uma atitude profissional nem madura, especialmente em relações que exigem confiança e transparência, como em uma negociação.

Sempre enxerguei isso como mais do que uma falha de processo. Para mim, é um desrespeito. Uma quebra de ética relacional.

E como alguém que sempre defendeu a venda consultiva, o diálogo transparente e a negociação ética, isso me incomoda em um nível profundo. Não apenas pelo impacto comercial, mas pelo que isso dizia sobre a maturidade da relação construída até aquele ponto.

Foi justamente durante esse período, estudando a fundo economia comportamental, os princípios do Nudge e as bases da dissonância cognitiva, que veio o estalo: existia uma forma de provocar reflexão e reação no cliente, sem romper o vínculo, sem pressionar e sem escorregar para a manipulação?

Nasceu aí o conceito que batizei de **Desconforto Elegante**.

Uma técnica que, com o tempo, fui lapidando, testando em campo e integrando ao método **SHIFT®**.

Não como um "recurso de última hora", mas como uma postura comercial madura para lidar com resistência, hesitação ou incoerência por parte do cliente.

O Desconforto Elegante é, acima de tudo, uma forma de confrontar com respeito.

De devolver ao cliente um espelho de suas próprias contradições.

De provocar, com sutileza e precisão, aquele momento de reflexão construtiva que tira a negociação da inércia e devolve ao cliente a responsabilidade pela decisão.

Não se trata de pressionar.

Não se trata de manipular.

Trata-se de expor o cliente com inteligência e cuidado à própria realidade que talvez ele esteja evitando enxergar.

E o mais interessante é que, quando bem-feito, o Desconforto Elegante não gera ruptura. Gera avanço. Gera resposta. Gera retomada de diálogo com mais clareza e menos defesas emocionais.

Quando apresentei o desconforto para alguns vendedores, ouvi de um deles: "isso é bruxaria"? Foi muito engraçado, porque aplicou com muito receio e recebeu retornos de pessoas que não respondiam fazia tempo.

Neste capítulo, vou detalhar como essa técnica se integra ao **SHIFT®** em diferentes fases do processo comercial. Vou mostrar os elementos estruturais que fazem o Desconforto Elegante funcionar e, principalmente, como usar essa abordagem sem jamais comprometer a ética ou a relação de confiança construída.

Porque no final do dia, o que queremos é simples:

Avançar com respeito. Confrontar com inteligência. E provocar movimento com responsabilidade.

Esse é o espírito do Desconforto Elegante dentro do **SHIFT®**.

Essa abordagem se baseia na ideia de gerar um leve desconforto cognitivo ético, estratégico e respeitoso que leva o cliente a reavaliar sua postura ou critérios de decisão.

O que é o desconforto elegante?

É uma técnica de comunicação assertiva e sutil que confronta padrões ou incoerências do interlocutor, sem impor culpa, sem pressionar, e sem desrespeitar sua autonomia. Inspirado em teorias da economia comportamental (Nudge), da dissonância cognitiva e da comunicação autêntica, o método cria pequenos "choques de lucidez" que promovem ação consciente.

Como aplicar o Desconforto Elegante no contexto do SHIFT®?

1. **No diagnóstico (SPIN):** Ao identificar que o cliente relativiza um problema real, o vendedor pode espelhar o comportamento com elegância: "Você comentou que o retrabalho custa tempo e energia de toda a equipe, mas, ao mesmo tempo, considera que resolver isso pode esperar. Isso parece coerente com a urgência que sua liderança defende?"
2. **Na validação da dor:** "Você mencionou que perdeu duas oportunidades nos últimos meses por não ter essa solução. O que mudou agora para isso não parecer uma prioridade?"
3. **Na apresentação de proposta:** "Posso estar interpretando mal, mas sinto que estamos caminhando para uma decisão que preserva o status atual, mesmo depois de tudo que discutimos sobre a importância de avançar nessa frente. Faz sentido manter tudo como está diante dos impactos que o próprio time reconheceu?"
4. **No pós-venda:** "Sei que sua agenda está cheia, mas também sei o quanto você prezou por uma implementação eficiente. Faz sentido adiar essa entrega agora?"

Elementos estruturais do método no SHIFT®

- Confronto com respeito e reconhecimento: sempre ancorar a fala em uma validação sincera, como "Eu entendo que..." ou "Talvez você pense assim..." antes de provocar a reflexão.
- Espelhamento estratégico: repetir com leve ajuste o que o cliente disse para que ele se ouça sob nova luz.

Manutenção da autonomia: nunca obrigar ou empurrar, apenas apresentar a incoerência e deixar que o cliente decida como reagir.

Encerramento positivo: finalizar reafirmando o respeito e propondo um caminho claro, sem cobrança direta.

Por que o Desconforto Elegante funciona no SHIFT®?

Porque **SHIFT®** é método de inteligência comercial e maturidade relacional. Ele parte do pressuposto de que o cliente não precisa ser vencido, ele precisa ser conduzido com respeito à sua verdade, mas exposto à realidade que talvez tenha evitado ver.

O Desconforto Elegante é a ponte entre diagnóstico profundo e ação intencional. No **SHIFT®**, ele amplia a força do *framing*, confere profundidade à negociação consultiva e protege o relacionamento ao mesmo tempo, em que provoca avanço.

É a habilidade de dizer o necessário de forma firme, humana e estratégica que diferencia o vendedor comum do verdadeiro agente de transformação.

Contribuição Especial — Maria Alice Passos Mendes

Executiva do segmento de Educação com mais de 25 anos de atuação no desenvolvimento de produtos educacionais e gestão de portfólio para a educação

SHIFT® no Ensino Superior: estratégia para criar ofertas relevantes, rentáveis e escaláveis

O setor de educação superior segue repleto de oportunidades; ao mesmo tempo, enfrenta pressões cada vez maiores por inovação, diferenciação e entrega de resultados, especialmente diante de uma concorrência intensa e de mudanças profundas nas demandas de mercado. Nesse cenário, bons modelos educacionais não podem se apoiar apenas na excelência acadêmica do corpo docente ou em conteúdos bem desenvolvidos. Há fatores estruturais e estratégicos que precisam ser considerados quando o objetivo é oferecer programas rentáveis, com boa capacidade de crescimento, desenhar programas verdadeiramente diferenciados e sustentáveis.

O desenvolvimento de bons modelos e produtos educacionais, sejam cursos presenciais, híbridos ou 100% digitais, exige uma abordagem integrada que conecte três pilares fundamentais:

1. A excelência pedagógica, traduzida em um modelo educacional sólido e conectado às necessidades do público-alvo, que ofereça experiência e transformação;
2. A inteligência de mercado, que promova um posicionamento claro e desejável para a marca e suas ofertas; e
3. Uma estratégia que garanta viabilidade econômica, lançamento, captação e escala.

Abaixo apresento uma metodologia prática e estratégica para construir produtos educacionais centrados no mercado e orientados por valor, articulando estes pilares com a perspectiva operacional que o método **SHIFT®** oferece.

Mercado de alta concorrência e baixa diferenciação

Ao longo de mais de 25 anos de atuação em educação, sendo 20 deles dedicados quase exclusivamente à educação superior, constatei uma realidade persistente: muitas instituições de ensino superior brasileiras não dispõem de uma metodologia sistemática para desenvolver cursos e programas baseados em valor ou para estruturar portfólios coerentes e comercialmente viáveis, alinhados às necessidades reais do mercado.

Os dados ilustram a dimensão do desafio: o segmento privado de educação superior movimenta cerca de R$ 41,98 bilhões (Semesp, 2025[1]). O Brasil conta com 2.580 instituições de ensino superior ativas (Censo da Educação Superior, INEP, 2023[2]), com 45.959 cursos de graduação e, na pós-graduação lato sensu, cerca de 21.000 cursos oferecidos por aproximadamente 1.500 instituições, atendendo algo em torno de 600 mil matrículas (Semesp, 2025; INEP, 2023). Paralelamente, o mercado de formação inicial e continuada, cursos livres, plataformas digitais e iniciativas independentes é ainda mais pulverizado, superando estimativas na casa de centenas de milhares de ofertas e competindo diretamente por atenção e recursos dos mesmos públicos-alvo.

---

1 Semesp. *Anuário da Educação Superior Privada 2025*. São Paulo: Semesp, 2025.

2 INEP. *Censo da Educação Superior 2023*. Brasília: Instituto Nacional de Estudos e Pesquisas Educacionais Anísio Teixeira, 2023.

É nesse cenário competitivo e fragmentado que se torna evidente a necessidade de modelos estratégicos orientados a produto, claros e executáveis, capazes de gerar diferenciação real e resultados sustentáveis. Esse ecossistema torna a diferenciação um imperativo estratégico. Não basta oferecer "um bom curso"; é preciso gerir um portfólio que combine coerência, abordagem pedagógica que favoreça a aprendizagem e ofereça a melhor experiência, autoridade de marca e sustentabilidade comercial ancorada em modelos de negócio rentáveis e escaláveis.

A gestão estratégica de portfólio e o desenvolvimento de produtos orientados por valor são, portanto, fatores críticos de sucesso do negócio no segmento de Educação.

O triângulo estratégico: educação, marketing e comercial

Para operacionalizar essa visão, proponho o Triângulo Estratégico, uma matriz prática onde cada vértice representa uma perspectiva indispensável e interdependente:

Educação (conteúdo, metodologia e experiência)

Neste vértice, o foco é a qualidade pedagógica: coerência do desenho curricular, alinhamento metodológico, experiência de aprendizagem e indicadores de impacto educacional. É aqui que a experiência do aluno se transforma em resultados: objetivos claros de aprendizagem, design instrucional efetivo, avaliação por competências e indicadores de resultado (desempenho, aplicabilidade, empregabilidade, evolução na carreira, desenvolvimento pessoal, etc.). Também inclui a observância às exigências regulatórias, mas sem que a conformidade seja o único norte. Ela é condição, não diferencial.

Marketing (desejo e posicionamento)

O eixo de marketing trata da construção do desejo, do posicionamento e da embalagem. Como comunicar uma proposta de valor única e distintiva? Como demonstrar benefícios claros e singulares ao público-alvo? A proposta de valor deve nascer da interseção entre as oportunidades traduzidas pela análise da demanda externa (tendências do segmento, transformações do setor, atratividade do mercado, lacunas de competências, expectativas do empregador, etc.) e o capital interno (autoridade da marca, expertises institucionais, *know how* do corpo docente, cases, metodologia e tecnologia embarcada, projetos de impacto, experiências e resultados). É no cruzamento entre o que o mercado precisa e o que a instituição faz com excelência que a unicidade da proposta de valor e o diferencial legítimo emergem.

É preciso também se dedicar a comunicar com coerência e consistência a proposta de valor, de modo verossímil, demonstrando os atributos presentes no produto (tais como a qualidade e a conveniência, entre outros de acordo com cada proposição) e a autoridade da marca, de modo a gerar desejo e confiança genuínos por meio da experiência que se inicia desde a primeira oportunidade de contato com o público-alvo. Um bom enxoval de produtos, campanhas poderosas que traduzam bem a marca e canais bem-preparados e direcionados são algumas das estratégias acionadoras neste eixo.

Comercial (viabilidade e escala)

A missão do comercial envolve muito mais do que a venda, ainda que ela seja o eixo fundamental que deve trazer a coesão entre os três vértices do modelo, uma vez que traz a sensibilidade do mercado e a visão dos clientes. Envolve também a reflexão e proposição de modelos de monetização, precificação, ticket médio, canais de captação e distribuição, indicadores de rentabilidade, capacidade de escala e operacionalização da venda.

Com isso, não se trata apenas de vender ou vender mais, mas de garantir que a oferta seja economicamente sustentável, entregue valor superando as necessidades dos clientes, gere fluxo de caixa previsível e permita reinvestimento em inovação. Estratégias comerciais mal formuladas, mal alinhadas ou mal executadas (preço errado, expectativa de conversão irreal, ausência de governança de pipeline) corroem rapidamente propostas promissoras.

Quando os três vértices atuam em sinergia, a instituição deixa de ser apenas ofertante de cursos, por vezes com portfólios muito extensos e com pouca rentabilidade e recorrência, e se torna criadora de soluções transformadoras, capaz de gerar valor consistente, recorrência e autoridade.

Da concepção ao crescimento: a jornada do produto educacional

Construir um portfólio diferenciado, escalável e relevante exige visão sistêmica, desde a fase de concepção até a definição das estratégias de crescimento e consolidação. Evitar extremos é essencial: produtos concebidos apenas a partir de uma visão endógena, puramente acadêmica e desconectada do mercado, tendem a ser tecnicamente impecáveis ao traduzir apenas o *know how* do corpo docente, mas com pouca expressão comercial. Por outro lado, ofertas excessivamente comerciais correm o risco de fraturar a credibilidade pedagógica da instituição.

O desenvolvimento de produtos com base na integração dos vértices educação, marketing e comercial, reunindo uma abordagem educacional consistente que ofereça experiência de valor, deve ser parte do DNA estratégico da organização.

Uma boa metodologia para o desenvolvimento de novos produtos educacionais deve considerar, portanto, as etapas a seguir:

1. Análise da demanda e mercado

A etapa de análise da demanda envolve ações e análises que permitam compreender os desafios atuais e futuros do mercado, as tendências que provavelmente impactarão o setor e as projeções para o futuro. Para isso, realize uma pesquisa robusta sobre as tendências do segmento, tamanho do mercado e comportamento dos atores. Busque identificar:

- O arranjo atual de como a indústria se organiza, suas bases tecnológicas atuais e os possíveis arranjos futuros.
- As demandas emergentes no segmento e sua tradução em competências técnicas, comportamentais e humanas necessárias ao bom desempenho no setor.
- Espaços no mercado que representem segmentos com maior propensão a pagar por diferenciação (*corporate* vs. individual).
- Players presentes na arena competitiva (características, posicionamento, ofertas, diferenciais, etc.) e soluções substitutas.
- Oportunidades de nicho com baixo atendimento atual.

Analisar o mercado não é apenas coletar dados; é construir a compreensão sobre o contexto de modo que permita responder aos seus desafios, conectando a proposta de valor do produto ou da solução educacional às reais necessidades e prioridades do segmento e dos clientes.

2. Força da marca no segmento

Avalie a posição da instituição: autoridade, reputação, histórico de entrega e reconhecimento por áreas específicas. Marcas reconhecidas e fortes facilitam a diferenciação e favorecem ao posicionamento premium, precificação e aceleração de conversões. Marcas em construção exigem, entre outras coisas, estratégias de prova (exposição de referências ou personalidades, pilotos, cases documentados, certificações reconhecidas). Considere também a existência de sobreposição interna de ofertas e cursos canibalizadores que precisam ser racionalizados no portfólio.

3. Proposta de valor

Defina com precisão quais lacunas e desafios o produto resolve, quais benefícios concretos entrega e quais métricas de resultado sustentam essas promessas. A proposta de valor deve articular:

- Transformação mensurável (ex.: aumento de produtividade, promoção, mudança de função).
- Relevância prática (aplicabilidade imediata).
- Diferenciais na experiência e na jornada dos participantes: corpo docente, metodologia e recursos.

4. Público-alvo

Defina o público-alvo com base na ampliação dos níveis de segmentação que envolvem a compreensão de motivações, dores, jornada de compra, canais preferidos e barreiras. A segmentação não deve ser apenas demográfica; é, sobretudo, comportamental e funcional.

5. Modelagem da oferta

O desenvolvimento de um programa ou solução vencedora deve considerar, além de elementos que os clientes valorizam (qualidade, conveniência, aplicabilidade, suporte, experiência inovadora, etc.), a escolha pelos diferentes modelos e formatos e o desenho de uma experiência de valor em todos os pontos de contato da jornada do estudante, desde a busca até a conclusão, com a vinculação do cliente com a instituição (por meio de uma estratégia Alumni, por exemplo).

Processos, tecnologias aplicadas e indicadores de desempenho (KPIs educacionais e comerciais) devem integrar a modelagem da oferta, permitindo testar hipóteses com custos controlados e escalabilidade futura.

Quando essas etapas são aplicadas com rigor, a proposta inicial pode se converter em um produto gerador de autoridade e resultado econômico.

Aplicação Integrada do Triângulo Estratégico nas Etapas do Método **SHIFT**®

Etapa	Descrição Geral	Educação (Conteúdo, Metodologia e Experiência)	Marketing (Desejo e Posicionamento)	Comercial (Viabilidade e Escala)	Entregáveis / Saídas
1	**Diagnóstico Estratégico (SPIN aplicado)**	Análise profunda do cenário educacional, mapeamento de lacunas e necessidades alinhadas à estratégia institucional.	Pesquisa de percepção de marca, análise de concorrência e oportunidades de diferenciação.	Avaliação do mercado, ticket médio, margens e canais potenciais de expansão.	Matriz de necessidades priorizadas e hipóteses de valor.
2	**Modelagem Pedagógica e Construção de Valor**	Desenho de learning outcomes, estrutura curricular, e indicadores educacionais vinculados às necessidades.	Definição clara da proposta de valor, traduzindo dores e aspirações em comunicação autêntica.	Desenvolvimento de argumentos comerciais baseados em ROI e benefícios tangíveis.	Blueprint curricular e proposta de valor consolidada.
3	**Arquitetura da Solução e Posicionamento**	Estruturação do curso/programa com metodologia ativa e experiência diferenciada, garantindo mensuração.	Criação de mensagens, landing pages e materiais que gerem desejo e confiança, usando nudges éticos.	Precificação estratégica, definição de políticas comerciais e promoções.	Materiais de comunicação, roteiro de provas sociais, política comercial.
4	**Estratégia Comercial e Negociação (Harvard)**	Suporte para garantir alinhamento pedagógico com as condições comerciais.	Apoio ao marketing com informações sobre negociação para ajustar a comunicação.	Treinamento em negociação baseada em interesses, definição de contratos e cláusulas de performance.	Playbook comercial, templates de contrato com gatilhos de expansão.
5	**Piloto Controlado e Mensuração (MVP)**	Execução do piloto com acompanhamento pedagógico e coleta de feedback para ajustes.	Validação da proposta via jornadas de decisão, eventos e conteúdo que reforcem engajamento.	Mensuração de KPIs comerciais, análise de saving/impacto e validação de hipóteses.	Relatório técnico com resultados e recomendação para escala.
6	**Escala Gradual e Governança**	Atualização contínua do conteúdo com base em dados e feedbacks para manter relevância.	Ajuste de campanhas e mensagens conforme evolução do mercado e resultados.	Gestão da margem, acompanhamento de KPIs e definição do orçamento para expansão.	Roteiro de expansão, comitê de portfólio, metas claras de ROI e governança.

Figura 27 – Triângulo Estratégico nas Etapas do Método **SHIFT**®.

Fonte: elaborado por Maria Alice Passos Mendes, especialmente para este livro, 2025.

Aplicação prática — fluxo sugerido integrando triângulo e **SHIFT®**

1. Diagnóstico (SPIN aplicado ao mercado e *stakeholders*)

- Grupos focais e composição de comitês com representantes do mercado (instituições, hubs de inovação, associações, empresas, etc.), empregadores para a análise do mercado e do segmento;
- Entrevistas e grupos focais com alunos potenciais, alunos-alvo e egressos para a identificação de mapeamento de necessidades, desejos, dores e implicações e avaliação da experiência;
- Saída: matriz de necessidades priorizadas e hipóteses de valor.

2. Modelagem pedagógica (Educação)

- Desenhar *learning outcomes*[3], estrutura curricular e métricas de impacto vinculadas às necessidades levantadas;
- Testar o produto ou solução com grupos-alvo;
- Saída: *blueprint* curricular [4]com indicadores educacionais.

3. Posicionamento e comunicação (Marketing + Nudge)

- Construir a proposta de valor com ancoragem de impacto (números de implicação transformados em benefícios).
- Projetar jornada de decisão com Nudges éticos para conversão e engajamento.
- Saída: *landing pages*, materiais e roteiro de provas sociais.

4. Estratégia comercial e negociação (Comercial + Harvard)

- Definir política de preços, modelos de contrato corporativo (piloto → escala), e cláusulas de performance.

---

[3] *Learning outcomes* são os conhecimentos, habilidades ou competências que se espera que o estudante adquira ao final de um curso ou programa. Biggs, J., & Tang, C. *Teaching for Quality Learning at University: What the Student Does*. 4. ed. Maidenhead: McGraw-Hill Education, 2011, p. 60.

[4] *Blueprint curricular* é a estrutura organizada de um curso ou programa, detalhando conteúdos, competências e métodos de avaliação de forma articulada. Harden, R. M. *The Blueprint Approach to Curriculum Planning in Medical Education. Medical Education*, v. 34, n. 1, p. 53–61, 2000.

- Desenvolver e orientar o time comercial para negociação baseada em interesses e critérios objetivos.
- Saída: *playbook* comercial e templates de contrato com gatilhos de expansão.

5. Piloto e mensuração (MVP controlado)

- Executar piloto com *cohort* controlado[5], mensurar KPIs (comerciais e pedagógicos), validar hipóteses.
- Saída: relatório técnico com *saving*/impacto e recomendação de escala.

6. Escala e governança

- Com iterações baseadas em dados, escalar gradual e proteger margem; manter comitê de portfólio.
- Saída: roteiro de expansão com alocação de *budget* e metas de ROI.

Considerações finais: visão e cultura

Mais do que um conjunto de etapas, construir produtos educacionais relevantes exige mudança cultural: colaboração real; decisão baseada em evidências; ética, disciplina, governança e orientação para resultados. Integrar o Triângulo Estratégico à abordagem **SHIFT**® (diagnóstico SPIN, negociação Harvard e Nudges éticos) não é um exercício teórico: se traduz em um caminho prático para transformar ofertas em soluções reconhecidas e reconhecidas pelo mercado.

A construção de portfólios coerentes e orientados por valor transforma a instituição e a coloca na posição de articuladora e provedora do mercado, o que, amplifica o seu impacto social e econômico, fortalece a marca por meio da reputação institucional.

---

[5] Um *cohort controlado* é um grupo de participantes em um estudo ou programa educacional comparado com outro grupo similar, mas não exposto à intervenção, permitindo avaliar o efeito da ação implementada[1].[1] Mann, C. J. *Observational research methods. Research design II: cohort, cross sectional, and case-control studies. Emergency Medicine Journal*, v. 20, n. 1, p. 54–60, 2003.

Mais do que seguir tendências, trata-se de atuar de forma estratégica e consistente para construir ofertas de valor permeadas por portfólios coerentes, desejáveis e rentáveis, capazes de suprir as demandas e antecipar as necessidades do mercado e sustentar o crescimento das instituições em um mercado que exige diferenciação e inovação constantes.

Maria Alice Passos Mendes

É fundadora da Devir, consultoria em Educação, e possui ampla experiência em educação básica, profissional, superior, corporativa e executiva. Ao longo de sua carreira, liderou projetos estratégicos, formou times de alta performance e conectou educação e estratégia para gerar resultados efetivos. Atua ajudando organizações a (re)pensar portfólios educacionais, desenhar jornadas e soluções de aprendizagem, desenvolver líderes e engajar equipes para a transformação. É integrante do Conselho Consultivo e do Comitê Científico da Anitec, colabora com hubs de inovação e empreendedorismo e atua como mentora, professora e palestrante, com foco na transformação de pessoas e organizações por meio da educação e da potência humana.

CAPÍTULO 22

COMO IMPLANTAR O **SHIFT®** EM UMA ORGANIZAÇÃO?

SHIFT® é simples, mas exige planejamento para se tornar prática cotidiana. Este capítulo é um guia para líderes e multiplicadores que desejam escalar o método com consistência.

O **SHIFT®** é, antes de tudo, uma mudança de mentalidade. Mais do que ensinar técnicas, ele redefine a maneira como as empresas se comunicam com o mercado, com os clientes e até internamente.

Implantar o **SHIFT®** é conduzir uma transformação que atravessa os setores de Vendas, Marketing, Sucesso do Cliente e até Produto, criando uma cultura de escuta consultiva, negociação ética e influência baseada em valor.

Por mais que a metodologia seja simples na essência, ela exige planejamento, disciplina e um processo estruturado para se tornar prática cotidiana e, como já mencionado, cultura.

Este capítulo é um guia prático e aplicável para líderes, times comerciais e multiplicadores que desejam escalar o método **SHIFT®** com consistência.

As 5 etapas da implantação do SHIFT®

1. Diagnóstico inicial – onde estamos hoje?

Antes de qualquer treinamento, é preciso olhar para dentro.

- Como as vendas são feitas hoje?
- Que tipo de perguntas os vendedores fazem?
- Qual é o modelo atual de qualificação e proposta?
- Há alinhamento entre vendas, marketing e CS?
- O discurso está centrado no produto ou no cliente?

Entregável: Mapa do estado atual das vendas e principais *gaps* consultivos, de negociação e de influência.

2. Apresentação executiva – envolver o C-Level desde o início

O **SHIFT®** não é um treinamento de vendas.

É uma transformação organizacional. Por isso, precisa de patrocínio claro da alta liderança.

- Apresente o racional estratégico do método.
- Mostre como ele conecta diretamente com os indicadores de negócio: crescimento, margem, retenção, CAC, ROI e expansão de contas.
- Traga dados, cases e benchmarks para gerar adesão do *board*.

Sem liderança engajada, **SHIFT®** não se sustenta.

3. Treinamento estruturado – formação prática, não teórica

- Capacitação com foco absoluto na aplicação prática, não em teoria.
- Uso de *roleplays,* simulações reais, estudos de caso da própria empresa e dinâmicas práticas. A formação deve abranger:
  - Diagnóstico consultivo (SPIN).
  - Negociação baseada em princípios (Harvard).
  - Influência ética e *framing* (Nudge).
  - Produção de um *Playbook* **SHIFT®**, customizado para a empresa.

Entregável: Time capacitado + *Playbook* operacional pronto para uso.

4. Rituais de reforço – onde a cultura se consolida

O **SHIFT®** não se consolida no treinamento, e sim no pós-treinamento.

Crie rituais recorrentes:

- Check-ins semanais ou quinzenais de *pipeline* com foco consultivo.
- Rodadas de *roleplay* interno.
- Painéis de melhores práticas e aprendizados.
- Feedback estruturado após reuniões com clientes.
- Exiba, celebre e reconheça publicamente quem aplica bem o método.

O que é celebrado se multiplica.

5. Ajuste contínuo – adaptar sem descaracterizar

- Acompanhe a aplicação real do método.

- Ajuste exemplos, roteiros, perguntas e abordagens à medida que surgem feedbacks e novas realidades de mercado.
- O **SHIFT®** é um modelo vivo, adaptável, mas sua essência não pode ser diluída: diagnóstico primeiro; valor antes de preço; influência ética antes de insistência.

Formando um comitê interno SHIFT®

O Comitê **SHIFT®** é o guardião da metodologia dentro da empresa.

Composição:

- Representantes de vendas, marketing, sucesso do cliente e produto.
- Um ou mais líderes da gestão comercial, operações ou estratégia (C-level).

Funções:

- Acompanhar a aplicação do método na rotina.
- Promover treinamentos internos de reciclagem.
- Atualizar o *Playbook* à medida que o mercado, o portfólio e os desafios mudam.
- Ser promotor da cultura: cuidar para que **SHIFT®** não seja um projeto, mas sim o jeito de vender, comunicar e se relacionar.

Rituais essenciais do comitê:

- Reuniões mensais para revisão de práticas e aprendizados.
- Painéis trimestrais com análise de cases reais.
- Atualização constante dos materiais (checklists, roteiros, templates).
- Avaliação de aderência ao método nos processos de *onboarding* e avaliação de desempenho.

SHIFT® como cultura viva

Implantar o **SHIFT®** é muito mais do que implementar uma técnica. É mudar definitivamente a maneira como sua empresa escuta, propõe, influencia e se posiciona no mercado.

É fazer uma escolha estratégica: sair do jogo da pressão e da guerra de preços, e entrar no jogo da construção de valor, da influência ética e das relações comerciais sustentáveis. **SHIFT®** não é um projeto. **SHIFT®** é cultura. É identidade. E uma vez implantado, muda não só como você vende, muda como toda a organização pensa.

APÊNDICE: FERRAMENTAS E *TEMPLATES* DO **SHIFT®**

Este apêndice contém materiais para aplicar imediatamente os conceitos do **SHIFT®**:

Roteiro de diagnóstico consultivo (SPIN)

Tipo de pergunta	Objetivo	Exemplos
Situação	Mapear o contexto atual	"Como vocês fazem X atualmente?" "Quais ferramentas estão usando hoje para Y?"
Problema	Identificar dores, falhas ou gaps	"Quais desafios vocês têm enfrentado nesse processo?" "Isso costuma gerar retrabalho ou perda de tempo?"
Implicação	Tornar os custos do problema visíveis	"Quando isso acontece, qual o impacto para o time/resultados?" "O que acontece se isso não for resolvido nos próximos meses?"
Necessidade (*Need-Payoff*)	Ajudar o cliente a projetar os ganhos	"Se vocês resolvessem isso, o que mudaria nos resultados?" "Que impacto isso teria na produtividade e nos custos?"

Figura 28 – Roteiro de diagnóstico consultivo (SPIN).

Fonte: Elaboração própria.

Template prático:

- Use uma tabela com as quatro colunas (Situação, Problema, Implicação, Necessidade) e anote as respostas em cada interação.

Mapa de interesses vs. posições (Negociação Harvard)

Use este mapa para cada parte da negociação, focando em interesses, não nas posições aparentes.

Stakeholder	Posição Declarada	Interesse Real	Estratégia de Resposta
Diretor Financeiro	"Preciso de desconto."	Previsibilidade de custos e segurança contratual.	Proposta com cláusula de preço fixo por 24 meses.
RH	"Preciso de mais treinamento gratuito."	Aumentar engajamento e reduzir turnover.	Adicionar trilha de *onboarding* como bônus sem alterar o custo base.

Figura 29 – Mapa de interesses vs. posições (Negociação Harvard).

Fonte: Elaboração própria.

Checklist de BATNA e ZOPA

BATNA:

- Quais são minhas alternativas se esse acordo não fechar?
- Meu pipeline suporta abrir mão deste negócio?
- Que outro cliente, projeto ou oportunidade posso acionar?

ZOPA:

- Conheço o limite máximo e mínimo do cliente?
- Existe sobreposição entre meu limite e o dele?
- Posso ajustar o escopo, prazo ou entregas para expandir a ZOPA?

Framework de ancoragem de valor

Template visual em formato de infográfico para propostas.

Etapa	Descrição	Exemplo
Custo do Problema	Quanto o problema atual custa ao cliente?	"Sua empresa perde R$ 15 milhões por ano com turnover."
Impacto da Solução	Qual ROI, economia, ganho ou benefício?	"Nosso programa pode reduzir esse custo em 20%, economizando R$ 3 milhões."
Preço como consequência	Apresentação do investimento após mostrar o valor	"Nosso investimento é de R$ 500 mil/ano, ou seja, 1/6 da economia gerada."

Figura 30 – *Framework* de ancoragem de valor.

Fonte: Elaboração própria, Alexandre Chiacchio.

Banco de Nudges para influência ética

Tipo	Aplicação	Exemplo
Framing Positivo	Moldar a percepção	"Empresas como a sua estão economizando até 30% após a implantação."
Prova Social	Mostrar que outros já adotaram	"Veja como [Empresa Similar] reduziu churn em 25%."
Arquitetura de Escolha	Criar três pacotes (Básico, Essencial, Premium) e destacar o do meio.	"O plano mais escolhido pelos nossos clientes."
Escassez Ética	Limitar o tempo ou vagas de forma honesta	"Essa condição é válida até sexta, alinhada ao ciclo do seu orçamento."

Figura 31 – Banco de Nudges para influência ética.

Fonte: Elaboração própria.

Template de proposta **SHIFT**®

Seções recomendadas:

- Sumário Executivo: 1 página, linguagem do C-Level, com impacto e ganhos.
- Contexto e Diagnóstico: Dores identificadas no SPIN.
- Soluções e Entregas: Descritivo das soluções com foco em resultado.
- Impacto e Benefícios: ROI, ganhos, redução de riscos.
- Proposta Financeira: Clareza no investimento, ancorado no valor.
- Próximos Passos: Chamado claro à ação.

Matriz de hierarquia da dor

Use para priorizar discursos e argumentos na negociação.

Dor	Stakeholder Impactado	Urgência	Impacto Financeiro	Impacto Operacional
Alta rotatividade	RH, CFO	Alta	R$ 2,5 milhões/ano	Aumento de retrabalho, queda na qualidade

Figura 32 – Matriz de hierarquia da dor.

Fonte: Elaboração própria.

Canvas **SHIFT®** de vendas consultivas

Bloco	Descrição
Contexto do Cliente	Quais são os desafios estratégicos?
Stakeholders-Chave	Quem decide? Quem influencia?
Dores Prioritárias	Quais são os maiores problemas ou riscos?
Objetivos e Metas do Cliente	O que eles querem alcançar?
Solução Proposta	Como seu produto/serviço resolve isso?
Impacto e ROI	Qual é o benefício mensurável?
Critérios Objetivos	Como a decisão será tomada?
Próximos Passos	O que acontece após a proposta?

Figura 33 – Canvas **SHIFT®** de vendas consultivas.

Fonte: Elaboração própria.

Modelo de gestão de grandes contas

Use Kanban ou cronogramas, com colunas como:

- Diagnóstico SPIN.
- Mapeamento de Stakeholders.
- Propostas/Negociações.
- Acompanhamento de Nudges/*Follow-ups.*
- Pós-venda e Expansão.

Roteiro de ***Follow-Up*** com Nudges

Exemplo de mensagem: "*Na nossa experiência com empresas desse porte, decisões mais bem-sucedidas acontecem nas duas primeiras semanas após o diagnóstico. Posso ajudar com mais dados para apoiar sua decisão.*"

Inclua *framing* de urgência, custo de inação e reforço de valor.

Essas ferramentas são apresentadas como exemplos ilustrativos, que servem como guia para aplicação. No entanto, é fundamental que você personalize cada uma delas conforme a realidade, o contexto e os desafios específicos da sua empresa.

Ao utilizá-las de forma consistente, você perceberá rapidamente que elas ampliam sua visão sobre clientes, organizações e pessoas. Prepare-se para se surpreender com a profundidade dos insights gerados e com o quanto seu repertório estratégico vai se expandir. **Mais do que ferramentas, são aceleradores de consciência, clareza e resultado.**

CONCLUSÃO: MAIS DO QUE VENDER, TRANSFORMAR

Vender é, sim, uma profissão. Mas também é uma missão.

É a arte de conectar soluções a problemas reais, de traduzir complexidade em clareza, de encurtar o caminho entre o que o cliente precisa e o que ele ainda não sabe que pode conquistar.

Ao longo deste livro, percorremos um trajeto que vai além da técnica.

Você viu que vender com alta performance não exige fórmulas mágicas nem scripts perfeitos, exige **intenção estratégica, empatia profunda e integridade inegociável.**

SHIFT® não é apenas um método. É uma forma de pensar, de agir.

- Quando você começa com **SPIN**, aprende a ouvir de verdade.
- Quando negocia como Harvard ensina, constrói **confiança, não concessões.**
- Quando usa **Nudge**, percebe que a decisão do cliente depende mais da clareza que você oferece do que da insistência que você aplica.
- Quando integra tudo isso, eleva sua atuação como vendedor e se posiciona como um verdadeiro **agente de transformação.**

O impacto de quem aplica SHIFT®

- Clientes que não apenas compram, mas **agradecem pela experiência.**
- Relacionamentos comerciais que viram **parcerias duradouras.**
- Times comerciais que deixam de "seguir metas" e passam a **criar valor continuamente.**
- Organizações que transformam vendas em um **vetor de reputação e crescimento.**

Para quem este método funciona?
Para quem escolhe ser protagonista.

- Líderes que querem estruturar times com cultura consultiva.
- Vendedores que querem performar com ética e consistência.
- Empresas que acreditam que vender bem é também **atuar com responsabilidade**.
- Consultores que desejam gerar mais impacto em cada conversa.

O que você pode fazer agora:

1. **Releia seus últimos ciclos de venda:** Onde poderia ter usado SPIN? Onde faltou Harvard? Onde poderia ter colocado um Nudge?
2. **Compartilhe o método com sua equipe:** Faça do **SHIFT®** uma linguagem comum no seu ambiente.
3. **Escolha um cliente:** Um que continua indeciso, travado ou com potencial. Use tudo o que aprendeu e constate o que o **SHIFT®** pode fazer.
4. **Transforme seu *pitch* em propósito:** Toda vez que for vender, pergunte: "O que vou ajudar essa pessoa ou essa empresa a resolver, ou realizar de verdade?" No final, é isso que importa.

A frase que guia tudo:

"Vender é um ato de coragem. A coragem de ouvir o que ninguém disse. De negociar com integridade. De influenciar sem manipular. De transformar sem pressionar." – Alexandre Chiacchio

EPÍLOGO: O **SHIFT®** COMO PROJETO DE VIDA COMERCIAL

SHIFT® não é apenas um método de vendas.

É um manifesto.

Uma escolha deliberada por uma prática comercial mais ética, mais inteligente e mais relevante. É a decisão de operar com profundidade em um mundo que vive de superficialidade.

Enquanto boa parte do mercado ainda aposta em fórmulas prontas, scripts genéricos e métricas vazias, o profissional **SHIFT®** caminha em outra direção. Ele não busca apenas vender. Ele busca transformar. Ele sabe que o verdadeiro diferencial não está no produto que oferece, mas na forma como conduz a jornada do cliente até a decisão. Uma forma que exige inteligência, preparação, leitura de contexto, empatia e responsabilidade sobre o impacto de cada escolha.

SHIFT® é um projeto de identidade profissional.

É o tipo de decisão que define como você será percebido no mercado. Não como alguém que vende, mas como alguém que resolve, orienta, transforma. Como alguém que respeita o cliente, mas que também sabe confrontar com elegância. Que gera avanço sem forçar, que gera valor antes mesmo da proposta. É também um compromisso de não compactuar com as práticas que desvalorizam a função comercial.

O **SHIFT®** rejeita os atalhos que geram picos de venda e vales de arrependimento. Ele propõe outro caminho: **crescimento com consistência**, influência com integridade e performance com reputação.

Em tempos de ruído, o profissional **SHIFT®** se destaca pelo silêncio técnico, pela escuta ativa e pela capacidade de traduzir complexidade em clareza.

SHIFT® é um divisor de águas na carreira de quem escolhe não ser apenas mais um.

É a diferença entre quem empurra propostas e quem estrutura decisões.

Entre quem busca o "sim" a qualquer custo e quem constrói consensos que sustentam contratos de longo prazo.

A responsabilidade de levar o **SHIFT®** adiante

Este livro não tem como missão apenas apresentar um método. Seu propósito é mais profundo: provocar uma mudança na forma como você enxerga a venda, o cliente e o seu papel no processo.

SHIFT® é o início de uma nova jornada profissional. Mas, como toda jornada, ela exige constância. É no pós-leitura que o verdadeiro desafio começa.

Você vai precisar:

- Treinar. E treinar, treinar, treinar...
- Aplicar em contextos diferentes.
- Ajustar sem corromper.
- Ensinar o que aprendeu.
- Defender o método mesmo quando parecer mais fácil improvisar.
- E, acima de tudo, **viver o SHIFT® até ele deixar de ser uma técnica e virar o seu próprio jeito de operar**.

Isso é o que transforma o **SHIFT®** em projeto de vida. Não porque está na moda. Mas porque **faz sentido, dá resultado e carrega um propósito**.

A jornada continua

O **SHIFT®** não termina neste livro.

Ele começa toda vez que você entra em uma sala de reunião com escuta genuína. Ele se fortalece quando você desafia um cliente a pensar diferente, com respeito e clareza. Ele ganha potência quando você transforma objeções em construção conjunta. E ele vira legado quando o mercado começa a reconhecer sua postura como algo admirável, confiável e raro.

Por isso, o convite final é direto:

Não venda só com técnica. Venda com consciência.

Não atue só com lógica. Atue com intenção.

Não negocie apenas por contrato. Negocie por impacto.

Leve o **SHIFT®** para o mundo. Em cada cliente, em cada conversa, em cada proposta. Seja o profissional que não vende "porque tem meta", mas **porque tem missão**. A missão de resgatar o verdadeiro papel das vendas B2B em sua forma mais elevada: **ajudar empresas a tomarem decisões melhores, mais sustentáveis e mais estratégicas**.

Nos vemos na próxima conversa. Na próxima negociação. Na próxima transformação.

REFERÊNCIAS

CHIACCHIO, Alexandre. **Vendas B2B de Alta Performance: o guia definitivo**. Rio de Janeiro: Editora Brasport, 2024. ISBN 978-65-5959-099-8.

URY, W.; FISHER, R.; PATTON, B. **Como chegar ao sim: como negociar acordos sem fazer concessões**. Rio de Janeiro: Sextante, 2018.

CHIACCHIO, A. **Orientação ao Mercado de Educação Corporativa nas Instituições de Ensino Superior Privadas**. 2014. 78f. Dissertação (Mestrado Profissional em Administração) – Programa de Pós-Graduação e Pesquisa em Administração e Economia da Faculdade de Economia e Finanças Ibmec, Rio de Janeiro, 2014.

LANG, Rodrigo; MAGALHÃES, João. **Negotiation Map: a metodologia de negociação que vem revolucionando o mercado.** [S.l.]: [s.n.], 2019. ISBN 978-65-00-00000-0.

GSCHWANDTNER, G. **Aprendendo com o Sucesso**. Rio de Janeiro: Sextante, 2010.

GSCHWANDTNER, G. **The Essential Sales Management Handbook: your secret weapon to success**. New York, NY: McGraw Hill, 2007.

GSCHWANDTNER, G. **The Sales Manager's Guide to Developing a Winning Sales Team: critical tools for outstanding results**. New York, NY: McGraw Hill, 2007.

HUNTER, J. C. **O monge e o executivo: uma história sobre a essência da liderança**. Rio de Janeiro: Sextante, 1989.

RACKHAM, N. **Alcançando Excelência em Vendas: SPIN Selling – construindo relacionamentos de alto valor para seus clientes**. São Paulo: M.Books, 2009.

RACKHAM, N.; VINCENTIS, J. de. **Reinventando a Gestão de Vendas**. Rio de Janeiro: Campus, 2007.

TALEB, N. N. **Antifrágil: coisas que se beneficiam com o caos**. Rio de Janeiro: Objetiva, 2020

BEZERRA, P. **"Estácio e Contax firmam parceria estratégica de R$ 30 mi"**. *Exame*, São Paulo, 09 jan. 2014. Disponível em: https://exame.com/negocios/estacio-e-contax-firmam-parceriaestrategia-de-r-30-milhoes/. Acesso em: 22 dez. 2023.

MILLER, R. B.; HEIMAN, S. E. **Strategic Selling**. Nova York: Warner Books, 1985.

MILLER, R. B.; HEIMAN, S. E.; TULEJA, T. **The New Strategic Selling**. Nova York: Business Plus, 1998.

MILLER, R. B.; HEIMAN, S. E.; SANCHEZ, D. **Conceptual Selling**. Nova York: Warner Books, 1989.

DIXON, M.; ADAMSON, B. **A venda desafiadora: assumindo o controle da conversa com o cliente** (The Challenger Sale). São Paulo: PortfolioPenguin, 2013

DIXON, M.; MCKENNA, T.; DEWALD, N. The JOLT **Effect: how high performers overcome customer indecision**. Nova York: Penguin, 2022.

BOSWORTH, M. T. **Solution Selling**. Nova York: McGraw-Hill, 1994.

SCHULTZ, M.; DOERR, J. E. **Insight Selling: surprising research on what sales winners do differently**. Hoboken: Wiley, 2014.

BLOUNT, J. **Fanatical Prospecting**. Hoboken: Wiley, 2015.

KOTLER, P.; KELLER, K. L. **Administração de marketing**. São Paulo: Pearson, 2012.

KOTLER, P.; RACKHAM, N.; KRISHNASWAMY, S. **Ending the war between sales and marketing**. Harvard Business Review, 2006.

PORTER, M. E. **Competitive strategy: techniques for analyzing industries and competitors**. Nova York: Free Press, 1980.

COLLINS, J. **Good to great**. Nova York: HarperBusiness, 2001.

COLLINS, J. **Built to last**. Nova York: HarperBusiness, 1994.

JOLY, H. **The heart of business.** Boston: Harvard Business Review Press, 2021.

TALEB, N. N. **The black swan: the impact of the highly improbable**. Nova York: Random House, 2007.